1037

Über das Buch:
In seinen Anfangstagen gehört der österreichische Fußball zum Besten auf dem europäischen Kontinent. In Wien wurde eine der ersten Profiligen überhaupt gegründet, und das österreichische »Wunderteam« stellte in den 1930ern die beste Mannschaft der Welt. 1978 im argentinischen Cordoba schockte das Team zwar noch einmal den Nachbarn Deutschland, aber zum Ende des vergangenen Jahrhunderts schrumpfte es auf die Größe eines Zwergs, der gegen die Färöer verliert. Das österreichisch-deutsche Autorenpaar hat mit vielen Spielern und Trainern, Fans und Funktionären gesprochen. Sie erzählen von den Goldenen Zeiten, suchen nach den Ursachen für diesen Niedergang und berichten von dessen nicht selten bizarren Ausformungen in einem Land, das als einer der Gastgeber der Europameisterschaft 2008 wieder im Mittelpunkt des Interesses steht.

Die Autoren:
Stefan Adrian, geb. 1975 in Eisenstadt in eine Familie von Austria-Wien-Anhängern, in frühen Jahren aber durch Hans Krankl und Antonin Panenka zu Rapid bekehrt. Er lebt seit 2002 als freier Journalist in Berlin.
Kai Schächtele, geb. 1974 in Sindelfingen. Ist groß geworden in Augsburg, von wo aus er mit seinem Verein immer wieder zu Jugendturnieren in Österreich aufbrach. Seitdem ist die Verbindung zum österreichischen Fußball nicht mehr abgerissen. Heute lebt er als freier Journalist in Berlin.

Stefan Adrian / Kai Schächtele

Immer wieder nimmer wieder

Vom Schicksal des österreichischen Fußballs

Kiepenheuer & Witsch

Dieser Titel erscheint in der Reihe
»Ball und Welt«, herausgegeben
von Christoph Biermann.

1. Auflage 2008

© 2008 by Verlag Kiepenheuer & Witsch, Köln
Alle Rechte vorbehalten. Kein Teil des Werkes darf
in irgendeiner Form (durch Fotografie, Mikrofilm oder ein
anderes Verfahren) ohne schriftliche Genehmigung des Verlages
reproduziert oder unter Verwendung elektronischer Systeme
verarbeitet, vervielfältigt oder verbreitet werden.
Umschlaggestaltung: Barbara Thoben, Köln
Umschlagmotiv: © Klaus Gierden, Köln
Gesetzt aus der Sabon und der News Gothic
Satz: Pinkuin Satz und Datentechnik, Berlin
Druck und Bindung: CPI - Clausen & Bosse, Leck
ISBN 978-3-462-03993-1

Inhalt

Vorwort **9**

Das unvollendete Erbe des M. D. Nicholson **13**

Vom Los, immer der Erste sein zu wollen – Die Vienna, der Spiegel des österreichischen Leidens **19**

Es geht nicht ohne, es geht nicht mit – Rapid und Austria, die Antipoden aus der Hauptstadt **31**

Visionär des kontinentaleuropäischen Fußballs – Die Geschichte des Hugo Meisl **51**

Matthias Sindelar – Das eigentliche Wunder im österreichischen Team **67**

Schwierige Beziehung zweier ungleicher Nachbarn – Die Piefkes und die Ösis **81**

Der Schöne-Welt-Meister oder: Das Leiden mit dem Team **99**

Rettet das Spektakel! – Der Bandenzauber in der Wiener Stadthalle **117**

Mehr ist weniger – Der Reformeifer der österreichischen Bundesliga **129**

The Bull, The Bad & The Ugly – Die Ära der Mäzene **135**

Das Konkursmassenphänomen **161**

»Heimweh hat seinen Preis« – Der Aufstand der Provinz **183**

Der steinige Weg in die Moderne **201**

Dank **221**

Vorwort

Dass sich ein Österreicher und ein Deutscher gemeinsam daran machen, die Wahrheit des österreichischen Fußballs zu ergründen, hat natürlich seine Tücken. Vor allem für den Deutschen. Die fangen damit an, dass sich Gesprächspartner in Wien darüber wundern, wenn man ein paar Minuten zu spät zum vereinbarten Treffpunkt kommt – wo die Deutschen doch so für ihre Pünktlichkeit bekannt sind. Und sie gehen damit weiter, dass man mit Beppo Mauhart zusammensitzt, dem großen alten Mann des österreichischen Fußballs. Mauhart war 18 Jahre lang Präsident des ÖFB. Er hat alles mitgemacht, was man als Fußballfunktionär erleben kann. Die Teilnahmen bei den Weltmeisterschaften 1990 in Italien und 1998 in Frankreich genauso wie die beiden historischen Niederlagen der Nationalmannschaft: das 0:1 gegen die Färöer-Inseln im Herbst 1990 und das 0:9 gegen Spanien achteinhalb Jahre später.

Auch bei der Eröffnung des frisch renovierten Ernst-Happel-Stadions im Oktober 1986 war er im Amt, zu Gast war die deutsche Nationalmannschaft. Beim Bankett vor dem Spiel, erinnert sich Mauhart während des Interviews, sagte er zum italienischen Schiedsrichter, er möge zur Feier des Tages doch bitte für Österreich pfeifen. Mauhart lächelt noch heute verschmitzt, wenn er davon erzählt, der Präsident des Deutschen Fußball-Bundes konnte damals allerdings gar nicht darüber lachen. Mauhart denkt nach, wer das gewesen sei, ihm mag der Name nicht einfallen. Und als dann der Deutsche, der Österreicher und der ehemalige ÖFB-Präsident gemeinsam überlegen, bricht

Mauhart die Suche mit dem Hinweis ab: »Keinen Humor zu haben ist für einen deutschen Präsidenten ja kein Erkennungsmerkmal.« Er meint das natürlich nicht böse, aber so einen Schmäh muss man sich eben gefallen lassen, wenn ein Deutscher auf die Idee kommt, gemeinsam mit einem Österreicher herausfinden zu wollen, warum der Alpenfußball den Anschluss an die großen Nationen Europas verloren hat. Das Spiel am 29. Okrober 1986 endete 4:1 für Österreich: zweimal Polster, zweimal Kienast, nur einmal Völler. Doch die Deutschen ärgerten sich danach weniger über die eigene Leistung als über die des Schiedsrichters. »Da verschlägt's einem die Sprache«, sagte der Teamchef Franz Beckenbauer anschließend. »Wenn ein Unparteiischer ein Spiel nicht ernst nimmt, dann soll er zu Hause bleiben.« Der hatte zwei umstrittene Elfmeter gegen die Deutschen gegeben und Lothar Matthäus vom Platz gestellt – wegen Schiedsrichterbeleidigung.

Inzwischen hat das Land so sehr an fußballerischer Geltung verloren, dass nicht nur Mauhart anzumerken ist, wie sehr ihn der Verfall bekümmert. Auch den Helden von einst macht die Gegenwart Sorgen. Wir haben Herbert »Schneckerl« Prohaska unter der Markise des Café Veit in Klosterneuburg getroffen, wo er sich darüber wunderte, dass Nachwuchsspieler aus Österreich heutzutage schon glauben, alles erreicht zu haben, wenn sie ihren ersten Vertrag im Ausland unterschrieben haben. Wir haben mit Hans Krankl im »Goleador«, der Sportbar gleich gegenüber dem Stadion vom SK Rapid Wien, darüber diskutiert, inwieweit der historische Triumph von Cordoba, an dem er maßgeblich beteiligt war, die Entwicklung des Fußballs bis heute behindert. Und wir saßen in den Stadien von Wien, Graz und Klagenfurt, um mit eigenen Augen zu sehen, wie es um den österreichischen Fußball bestellt ist.

Bei einem Länderspiel, es war das 0:2 gegen Chile im

Sommer 2007, machte der Österreicher schließlich eine interessante Beobachtung: Der Deutsche begann, mit der österreichischen Nationalmannschaft zu leiden. Weil nur ein paar tausend Zuschauer im Stadion waren, die die Mannschaft mit einer Mischung aus Anfeuerungs- und Spottgesängen bedachten, weil man aber bis unters Dach spüren konnte, wie sehr die Spieler auf die Unterstützung ihrer Landsleute angewiesen waren, und weil sich die Partie so zu einem Geisterspiel vor einer Geisterkulisse entwickelte. Da sah der Österreicher aufs Spielfeld und sagte nichts. Er kennt das ja nicht mehr anders.

Dieses Buch ist so gesehen nicht nur ein Porträt über den österreichischen Fußball, dessen Wurzeln bis in die Zeit des K.u.k.-Reichs zurückreichen, sondern auch unser Beitrag zur österreichisch-deutschen Fußballvölkerverständigung.

Berlin, Oktober 2007   Stefan Adrian,
                                                         Kai Schächtele

Das unvollendete Erbe des M. D. Nicholson

Manchmal ist Fußball nicht nur ein Spiel, sondern auch ein Duell der Kulturen. Dann geht es weniger um das nackte Ergebnis als um den Wettkampf zwischen Tradition und Fortschritt, alten Werten und neuer Ordnung, konservativer Kurzsichtigkeit und visionärem Weitblick. Ganz besonders, wenn Österreicher und Deutsche aufeinandertreffen.

Als Österreich am 24. Mai 1931 in Berlin antrat, warteten 50 000 Zuschauer im vollbesetzten Grunewalder Stadion, darunter die gesamte FIFA-Prominenz und die internationale Sportpresse, gespannt auf den Anpfiff. Auf der einen Seite stand ein Team, das alles Moderne im Fußball repräsentierte: Die Spieler waren Profis, die in ihrer heimischen Liga in modernen Stadien aufliefen und deren Trainer als Visionär des kontinentaleuropäischen Fußballs galt. Auf der anderen Seite standen Amateure, die einen Sport ausübten und keinen Beruf. Jahrelang hatte ihnen ihr Verband verboten, gegen professionelle Fußballer zu spielen, weil das angeblich unehrenhaft war. An diesem Tag im Mai durften sie sich zum ersten Mal mit echten Profis messen und waren ohne Chance. Mit sechs Toren schossen die, die ihren Lebensunterhalt mit dem Fußball verdienten, ihre vollkommen überforderten Gegner vom Platz. Unter großem Gejohle trugen die Berliner die Sieger anschließend über den Rasen, die deutschen Zeitungen jubelten am nächsten Tag, man habe ein »Wunderteam« gesehen. Sie meinten damit aber nicht ihre Landsleute – sie hoben die Österreicher in den Himmel. Das 0:6 ist die zweithöchste Niederlage, die eine deutsche Nationalmannschaft je hat einstecken müssen. Vier Monate später wollte sie eine Revanche. Sie reiste nach Wien und fuhr mit der Schmach eines 0:5 wieder nach Hause. Gleich zweimal hatte der österreichische Fortschritt gegen die deutsche Tradition einen triumphalen Erfolg gefeiert.

Es gab einmal eine Zeit, in der Österreicher mit dem überlegenen Lächeln einer Fußballweltmacht auf ihre Nachbarn herabblickten. Es war die Zeit, in der ihr Trainer Hugo Meisl nebenbei auch die Grundlagen für den Mitropa-Cup schuf, den europäischen Wettbewerb, der später einmal zur Champions League werden sollte. Es war die Zeit, als Österreichs Nationalmannschaft durch Europa reiste und mit ihrem trickreichen Spiel den ganzen Kontinent verzauberte. Es war aber auch die Zeit, als Charlie Chaplin der größte Filmstar der Welt war und Max Schmeling zum ersten deutschen Boxweltmeister wurde.

Wien, die ehemalige Hauptstadt der Habsburgmonarchie, hatte damals ihre Blütezeit als eines der kulturellen und wirtschaftlichen Zentren Europas bereits hinter sich. Doch für den Fußball war sie ein Laboratorium, hier entwickelte er sich schneller als irgendwo sonst. 1924 wurde in Wien die erste Profiliga auf dem Kontinent eingeführt. Es gab die größten und schönsten Stadien, Fußballer spielten in Filmen mit, warben für Joghurt und wurden in Liedern und Gedichten besungen. Die Vereine stürzten sich in Schulden, nur um die besten Spieler verpflichten zu können. Manche gingen daran zugrunde, andere wurden weltberühmt. Starrummel, geltungssüchtige Funktionäre, Vereinspleiten – was in den großen Ligen Europas heute zum Alltag gehört, hat Wien schon vor Jahrzehnten vorgelebt. In Österreich haben allerdings nur die Geltungssucht und der Hang zum Konkurs überlebt. Stars produziert das Land schon lange nicht mehr.

In den zwanziger und dreißiger Jahren etablierte sich

Österreich fest in der Weltspitze. Danach standen dem Land nicht nur Wirtschaftskrisen, Weltkriege und Fritz Walter im Weg – sondern auch immer wieder ein Kernproblem des österreichischen Fußballs. Österreicher schießen eigentlich nicht gern aufs Tor, erst recht nicht mit Gewalt. Es ist ihnen schlicht zu plump. Den Ball über den Platz zu tragen, kunstvoll zu kombinieren, als wäre der Fußballplatz eine Theaterbühne, das ist ihre Welt. Auf den Kasten aber wird nur geschossen, wenn sich wirklich keine Alternative mehr bietet. Will man jedoch jemandem die Schuld für diese österreichische Eigenart in die Fußballschuhe schieben, ist es ein Engländer: M.D. Nicholson.

Nicholson war einer jener Engländer, die sich zum Ende des 19. Jahrhunderts in Wien aufhielten, um von dort aus Geschäfte mit der Insel zu machen. Er brachte den Österreichern vieles nahe, was zum Fußball gehört: Tornetze zum Beispiel und eine ordentliche Schiedsrichterbeleidigung. Nachdem er sich in einem Spiel des Jahres 1897 um ein klares Tor betrogen glaubte (der Schiedsrichter beharrte darauf, nicht gesehen zu haben, dass der Ball wirklich durch die Pfosten hindurchgerauscht war), stapfte Nicholson wütend vom Platz und bestellte mit der nächsten Lieferung aus England ein paar Netze.

Von Nicholson lernten die Wiener außerdem, dass es manchmal hilft, den Ball einem Mitspieler zuzupassen statt sich allein durch drei Abwehrspieler zu wühlen. Er war es, der ihnen zeigte, dass es im Fußball auch so etwas wie Taktik gibt. Zu Ostern 1897 lud er das beste Amateurteam Englands ein, und die Universitätsmannschaft von Oxford führte den Spielern aus Wien vor, wie Raumaufteilung funktioniert und wie man ein Tor mit dem Kopf erzielt. Die Partien waren allerdings weniger eine Demonstration als eine Demontage. Die Oxforder gewannen 13:0 und 15:0. Die Wiener gingen entgegen ihrer sonstigen Gewohnheit nicht beleidigt davon, sondern zogen vielmehr ihre Lehren aus den kapitalen Niederlagen. Ein Jahr später spielte mit dem FC Richmond erneut ein englisches Team in Wien, die Partie endete 1:1. Zum ersten Mal blieb eine Mannschaft vom Kontinent gegen Engländer unbesiegt.

Drei Jahre nach seiner Ankunft überließ Nicholson die Stadt ihrem Schicksal. Seine Mission war erfüllt, er hatte den Fußball populär gemacht. Alles Mögliche hatte er den Österreichern beigebracht, nur eines hatte er offenbar versäumt: seine Schüler vom Widerwillen zum Toreschießen zu befreien. Jahrzehnte später schrieb der Schriftsteller und Theaterkritiker Hans Weigel: »Die Art, wie Bundesdeutsche Fußball spielen – Pelé könnte für uns nicht so exotisch sein. Ihr spielt, um Tore zu schießen. Ihr habt ein Konzept. Wir sind begabt. Wir spielen philharmonischen Fußball. Tore schießen – das ist uns zu direkt. Dass Thomas Mann, dass Gerhart Hauptmann Tore schießt, kann man sich vorstellen. Aber Robert Musil, Franz Kafka?« Nicholson ist wohl etwas zu früh abgereist.

Kaum eine Fußballnation ist so hoch gestiegen und so tief gestürzt wie Österreich. Und es ist das tragische Schicksal dieses Landes, dass es dieses Erbe noch immer auf seinen mittlerweile schmalen Schultern mit sich herumschleppen muss – und daran meistens verzweifelt, statt daran zu wachsen.

Der österreichische Fußball der Gegenwart ist auf seinem historischen Tiefpunkt angekommen. In der Weltrangliste liegt das Land irgendwo zwischen Zypern und Katar. In der Fünf-Jahres-Wertung der UEFA ist das Land inzwischen so weit abgerutscht, dass sich die österreichischen Vereine seit der Saison 2007/2008 um Startplätze auf der europäischen Bühne erst bewerben müssen, nicht nur für die Champions League, sondern auch für den UEFA-Cup. Fest reservierte Plätze kriegen nur noch die anderen – und das, wo in Österreich die Grundzüge des Europapokals einst erfunden worden waren.

Von dieser schweren Bürde handelt dieses Buch. Also vom Aufstieg des österreichischen Fußballs zu einem Riesen, der einmal auf Augenhöhe stand mit Italien und England, und davon, warum das Land trotzdem keinen einzigen ernst zu nehmenden Titel gewinnen konnte. Es erklärt, warum das Land auf fußballerische Zwergengröße schrumpfte, über das die Welt lachte, als es nicht mal mehr zu einem Sieg über die Färöer reichte. Es beschreibt, wie Österreich immer wieder für einen kurzen Moment auf die große Fußballbühne zurückkehrte, etwa 1978 mit dem 3:2 über Deutschland, um dann wieder für lange Zeit zu verschwinden. Es zeigt, dass sich gerade dieser Sieg über die verhassten Deutschen zu einer Art Fluch für den Fußball der Gegenwart verwandelt hat. Es berichtet von all den Besonderheiten des österreichischen Fußballs, den lustigen und den traurigen, den absurden und den liebenswerten, die sich auf dem grünen Rasen genauso wie in den Hinterzimmern seiner Funktionäre abspielen.

Manchmal ist Fußball nicht nur ein Spiel, sondern auch ein Drama. Ein größeres als das um Österreich hat der Weltfußball nicht zu bieten.

Vom Los, immer der Erste sein zu wollen – Die Vienna, der Spiegel des österreichischen Leidens

Der Weg in die Vergangenheit führt in einen der vornehmeren Stadtteile Wiens. Döbling, 19. Bezirk. Herrschaftliche Villen mit großen Gärten reihen sich aneinander, gelegentlich schiebt sich die Straßenbahn durch die engen Gassen. Johann Strauß und Ludwig van Beethoven sollen hier, im Westen der Stadt, gern den Sommer verbracht haben. Es geht sehr ruhig zu in dieser Vorstadtidylle.

Doch Döbling hat schon ganz andere Zeiten erlebt. Inmitten der eleganten Häuser, an einem Hang gelegen, steht die traditionsreichste Fußballarena Österreichs: die Hohe Warte. Zur einen Seite ist das Spielfeld von einem gewaltigen Grashang begrenzt, der fast bis ans Spielfeld heranreicht. Gegenüber steht die kleine Haupttribüne mit dem wellenförmigen Dach, an den vier Ecken des Platzes strecken sich stählerne Flutlichttürme wie Strommasten in den Himmel. Als das Stadion 1921 eröffnet wurde, schwärmte das »Sporttagblatt« vom »smaragdgrünen Rasenteppich, wohlgepflegt und samtweich«. In die Lehnen, die vom Hügelwerk der Hohen Warte steil abfielen, seien Stufen geschlagen, »Sitzreihe hinter Sitzreihe steigt bis zum Rande des Abhangs, bis zu dem villenbedeckten Plateau der Hohen Warte empor«.

Nirgendwo auf dem Kontinent hatte man bis dahin ein prächtigeres Stadion gesehen, die Hohe Warte war eines der modernsten Europas. Über 80 000 Zuschauer fanden auf dem Hang, den Sitzbänken auf der Tribüne und den Logen für die Ehrengäste Platz. In Scharen strömten die

Wiener nach Döbling, wenn dort die Nationalmannschaft spielte oder ein Finale im Mitropa-Cup anstand, sie kamen mit der Stadtbahn oder mit dem Auto und legten das übrige Leben im Viertel lahm. Zum Länderspiel gegen Italien am 15. April 1923 versuchten sogar 100 000 Zuschauer, ins Stadion zu drängen, 20 000 mussten wieder nach Hause. Diejenigen, die hineingekommen waren, berichteten später von »unausgesetzter Lebensgefahr«, weil der Erdhang unter den Massen immer wieder in Bewegung geriet. Die draußen bleiben mussten, haben allerdings auch nichts versäumt, das Spiel endete torlos.

Inzwischen ist der grüne Rasenteppich abgewetzt, die Holzbänke auf der Tribüne sind abgesessen und die Logen verschwunden. Das einzige noch erhaltene Naturstadion Europas ist das gräserne Denkmal des österreichischen Fußballs. Gespielt wird hier aber trotzdem noch. Seit der Eröffnung ist das Stadion die Heimat des First Vienna Football Club 1894, des traditionsreichsten Vereins des Landes. Noch heute kann man die in den Grashang gehauenen Stufen erkennen, auf denen damals Zigtausende vor Begeisterung ihre Hüte in die Höhe geworfen haben. Doch der Hang ist inzwischen abgesperrt, er wird nicht mehr gebraucht. Nur gelegentlich verschwindet bei einem Spiel der Vienna ein Pärchen auf die Stufen, um ein paar Minuten allein zu sein. Für die rund 1000 Zuschauer, die im Schnitt auf die Hohe Warte kommen, reichen die drei schlichten Gerüstpodeste, die am Spielfeldrand aufgebaut sind, und die 120 Meter lange Tribüne allemal. So wie die Hohe Warte die glorreichen Tage des österreichischen Fußballs symbolisiert, spiegelt sich in der Vienna seine triste Gegenwart. Die Spuren aus der Vergangenheit sind in der Ferne noch zu erkennen, aber was sich direkt vor den Augen abspielt, ist nur mit viel gutem Willen zu ertragen.

Seit 2000 quält sich der Klub als »Fernwärme Vienna« –

ein Tribut an den Sponsor, ein Wiener Energieunternehmen, dem man den Vereinsnamen verkauft hat – durch die Regionalliga Ost, eine der drei dritten Ligen in Österreich, denn zur Jahrtausendwende war das Undenkbare passiert. Die große Vienna hatte sich vom Profifußball verabschiedet. Für viele war diese Vorstellung so absurd, als würden die Wiener Philharmoniker plötzlich beim Tanztee in der Provinz aufspielen, in ausgebeulten Hosen und mit verstimmten Geigen.

Trotzdem gibt es einen treuen Kern an Fans, der unerschütterlich zum Verein steht. Ein bunter Haufen aus Punkern und Anwälten, jungen Studenten und alten Damen hat sich damit abgefunden, dass die Vienna sich in der Drittklassigkeit eingenistet hat. Eigentlich ist es ihnen ohnehin nicht so wichtig, in welcher Liga der Verein gerade spielt. Die Regionalliga hat auch ihr Gutes, immerhin dauern die Fahrten zu den Auswärtsspielen nicht so lang. Dann hängen die Transparente eben an den Spielfeldbanden von Schwechat, Zwettl und Neusiedl und nicht in den wesentlich weiter entfernten Stadien von Salzburg, Klagenfurt oder Lustenau. »I bin seit 17 Jahren Vienna-Fan. Von einem Nicht-Aufstieg geht die Welt a net unter«, sagt ein Fan in dem wunderbaren Film »Es geht sich immer nicht aus«, der im Frühjahr 2006 entstand. Die Filmemacher hatten darauf gehofft, die Vienna beim Aufsteigen zu begleiten, immerhin stand der Verein zur Winterpause auf dem ersten Platz. Es kam wie so oft anders. Zwischen 2003 und 2007 wurde der Verein fünfmal in Folge Dritter, obwohl er die Vorrunde immer wieder als Tabellenführer beendet hatte. »Die Vienna – dös is was Spirituelles« – auch dieser Satz fällt in der Dokumentation. Anders ist wohl nicht zu erklären, warum es Fans gibt, die die Hoffnung auf den Aufstieg noch immer nicht aufgegeben haben. Auf rührende Weise zeigt sich bei der Vienna, dass in Österreich jeder, der sich trotz allen Kummers für den Fußball der Gegenwart begeistern möchte, eines braucht: die Fähigkeit, nie den Glauben zu verlieren.

Dabei hat die Vienna viel Erfahrung mit dem Gefühl, ganz vorn zu sein. Das fing schon bei der Gründung des Vereins an. Zum Ende des 19. Jahrhunderts war der Fußball auch nach Österreich geschwappt, und vor allem in Wien breitete sich das Spiel schnell aus. Die vielen Engländer, die wie M.D. Nicholson in der Hauptstadt des K.u.k.-Reichs lebten, vertrieben sich ihre freie Zeit mit Tennis, Cricket und Fußball, und bald kamen auch die Wiener selbst auf den Geschmack. Sehr zum Unmut der Obrigkeit, die in dem Spiel eine »narrische Ballschupferei« sah und es für ungeeignet hielt, die Jugend zu sozialem Verhalten zu erziehen. Die Mittelschüler »interessieren sich mehr für Balltreterei als für Ballistik und Balladen«, notierte ein pikierter Zeitungsredakteur. Wer auf den Wiesen im Prater kickte, wurde von den »Berittenen« verjagt, Schüler und Studenten mussten sich hinter Pseudonymen und aufgeklebten Bärten verstecken, um nicht den Rausschmiss von Schule oder Universität zu riskieren.

1894 wurde der erste Verein gegründet, und Wien, die große, stolze Metropole, wäre nicht Wien, wenn es nicht schon damals den ersten handfesten Krach gegeben hätte. In Döbling hatten sich die englischen Gärtner des Barons Nathaniel Rothschild mit ein paar Wienern zusammengetan, um auf der Kuglerwiese gegen den Ball zu treten, unweit des heutigen Vienna-Stadions. Die Wiese hatte ihnen der Baron zur Verfügung gestellt, nachdem er sie zuvor vom gepflegten Rasen seiner Parkanlagen vertrieben hatte. Am 22. August trafen sich die Fußballspieler im Gasthaus »Zur schönen Aussicht« und riefen einen Verein ins Leben. Die Farben Blau und Gelb wurden aus dem Wappen der Rothschilds übernommen, zum Vereinsemblem wurde ein Ball bestimmt, um den sich drei Fußballerbeine ranken, der Name First Vienna sollte zum Ausdruck bringen, dass die Gärtner die Ersten gewesen waren mit der Idee eines Fußballklubs.

Auf den Praterwiesen im Zentrum der Stadt aber hatten sich Engländer mit demselben Plan versammelt. Die Mitinhaber eines Herrenausstatters und Vertreter einer englischen Schreibmaschinenfirma riefen den »First Vienna Cricket and Football Club« aus, allerdings einen Tick zu spät. Der Streit wurde auf dem Schreibtisch der K. u. k.-Statthalterei entschieden. Die Vienna durfte das »First« behalten, die Herrenausstatter benannten sich in »Cricketer« um. Mit großem Stolz bezeichnen die Vienna-Fans deshalb ihren Verein auch heute noch als »Erstgeborene«, wenn sie schon den Titel des Erstplatzierten immer wieder den anderen überlassen müssen.

Schnell wurde die Vienna zu einer festen Größe im Wiener Fußball. Man könnte genauso gut sagen: im österreichischen Fußball. Denn obwohl in Graz, der Hauptstadt der Steiermark, das erste in Österreich dokumentierte Fußballspiel stattfand, veranstaltet vom Akademisch-Technischen Radfahrverein am 18. Mai 1894, war das Land außerhalb der Hauptstadt von der Entwicklung so gut wie abgekoppelt. Bis weit ins 20. Jahrhundert war deshalb jeder Wiener Meister gleichzeitig auch der des ganzen Landes, und die Auswahlmannschaften aus Wien waren automatisch Nationalmannschaften. Die Stadt hat schon immer großen Wert darauf gelegt, etwas Besonderes zu sein in Österreich.

Um 1900 gab es bereits 45 Vereine in Wien, am 3. September 1911 startete die erste Liga und gehört damit zu den zehn ältesten der Welt. Die Vienna war einer der zwölf Gründungsvereine, 57 Jahre spielte sie anschließend durchgehend in der obersten Klasse. 1931 gewann der Verein erstmals die Meisterschaft und danach noch fünf weitere Male, im selben Jahr holte er in einem rein österreichischen Finale den Mitropa-Cup. 1943, nach dem Anschluss Österreichs ans deutsche Reich, wurde die Vienna mit einem 3:2 über den LSV Hamburg deutscher Pokalsieger. Außerdem gab es noch drei österreichische Pokalsiege und zwei Siege im Challenge-Cup, dem Wettbewerb, der seit 1897 zwischen Mannschaften aus Prag, Budapest und Wien ausgetragen wurde. Die Vienna ist bis heute einer der erfolgreichsten Klubs des Landes.

Doch es ist nicht der Absturz in die Bedeutungslosigkeit allein, der sie zu einer Besonderheit im österreichischen Fußball macht. Anderen Traditionsvereinen wie dem Wiener Sportclub ging es noch schlechter: dreimal österreichischer Meister, einmal Cup-Gewinner, und anschließend bis in die Wiener Stadtliga durchgereicht. Das Außergewöhnliche an der Vienna ist, dass sie in ihrer Geschichte immer alles daransetzte, Erster zu sein, und wenn es nicht anders ging, dann eben im Scheitern. Diese urösterreichische Tugend, unter Einsatz aller verfügbaren Mittel zu versuchen, irgendwie und bei irgendwas an der Spitze zu stehen, hat die Vienna verinnerlicht wie kein Zweiter.

1904 etwa war der Verein an einer vermeintlichen Revolution beteiligt. Die Sitten auf den Fußballplätzen waren immer rauer geworden, Spiele mussten abgebrochen werden, und auch die eindringlichen Appelle der Vereinsverantwortlichen, mit den Schiedsrichtern doch bitte mehr Geduld zu haben und sich auf den Tribünen nicht zu benehmen wie die Barbaren, änderten nichts. Der Fußball auf dem europäischen Kontinent hatte sein erstes Fanproblem. Der Sportredakteur einer Wiener Zeitung wollte sich das nicht mehr länger mit ansehen. Er schlug einen neuen Modus vor: die Spielwertung nach Pflicht und Kür. Neben den Toren sollten faires Auftreten, trickreiche Kombinationen, technische Raffinesse und taktisches Geschick belohnt werden. Im April trafen sich die Vienna und die Cricketer zum so genannten »Propaganda-Match« für diese Idee. Die Cricketer erzielten fünf Tore, die Döblinger zwei. Nach dem Schlusspfiff steckten die fünf Juroren ihre Köpfe zusammen und verkündeten, lange nachdem die Spieler in der Kabine verschwunden waren, das Endergebnis: Cricketer 155 4/5, Vienna 67. Es war das erste Spiel dieser Art – und das letzte.

Auch danach hatte die Vienna immer wieder die Nase vorn. Der erste österreichische Fußballlegionär kam aus ihren Reihen, Tormann Karl Pekarna wechselte zu den Glasgow Rangers. Zum zehnten Geburtstag hatte die Vienna ein Turnier mit den Rangers und dem Boldklubben aus Dänemark organisiert. Weil sich dessen Torhüter am Vortag verletzt hatte, überließen die Wiener den Dänen ihren Mann für das Spiel gegen die Schotten, mit dem Ergebnis, dass der anschließend den Verein in Richtung Schottland verließ. Er war der erste ausländische Spieler auf der Britischen Insel. Sieben Jahre nach der Eröffnung der Hohen Warte fand 1928 unter der Beteiligung der Vienna das erste Nachtspiel statt, mit ein paar Fackeln und einem in Kalk getunkten Ball. Knapp 30 Jahre später spielte die Vienna zum ersten Mal in Wien unter Flutlicht, wieder mit knappem Vorsprung: Zehn Tage später zog das Wiener Praterstadion nach.

Natürlich hat auch der Anfang vom schleichenden Verfall der Vienna mit der Sucht nach Platz eins zu tun. Für die Saison 1985/86 verpflichtete sie den argentinischen Weltmeister Mario Kempes. Der Torschützenkönig der WM 1978 und Südamerikas Spieler des Jahres wechselte nach Österreich, und die »Kronen-Zeitung« schrieb: »Das ist ungefähr so, als wäre der Papst ab Frühjahr der Pfarrer von Grinzing.« Aber auch der Fußballapostel von der Hohen Warte konnte keine Wunder vollbringen. Die Vienna wurde am Ende Achter einer Zehnerliga und stieg nur wegen des besseren Torverhältnisses nicht ab. Nach nur einer Saison zog Kempes weiter nach St. Pölten.

Ein letztes Mal bäumte sich die Vienna danach auf, erreichte den UEFA-Pokal und ein österreichisches Cup-Finale, danach versank sie immer tiefer im finanziellen Schlamassel. Erster war sie jetzt höchstens noch im Schuldenmachen. Die strahlende Schönheit der Vergangenheit hatte sich in eine abgetakelte Diva verwandelt, die sich hinter einer billig überschminkten Fassade versteckte. Nach dem Abstieg in die Regionalliga im Jahr 2000 war sie mit über vier Millionen Euro Schulden am Ende. Hätte der Generaldirektor der Nationalbank nicht zufällig einen Blick hinter ihre Maske geworfen, hätte man die alte Dame zu Grabe tragen müssen.

Adolf Wala, der in Döbling wohnt, hat als Kind selbst bei der Vienna gespielt. Eines der letzten Projekte vor der Pensionierung war der Neubau einer Wohnanlage ganz in der Nähe der Hohen Warte. Die Vienna musste dafür einen Parkplatz aufgeben, es wurde hart verhandelt, und irgendwann im Laufe der Gespräche sah Wala, wie schlimm es um seine alte Liebe stand. »Der Verein war mehr tot als lebendig, total überschuldet und ohne jede Perspektive«, erzählt der Mann mit den strahlend weißen Haaren. »Ich habe mir gesagt: Das darf nicht sein. Auf der Hohen Warte hat das Wunderteam gespielt, dort haben Boxkämpfe stattgefunden, und die Aida wurde aufgeführt. Man muss die Vienna retten.« Als er nach fast 50 Jahren bei der Bank in Rente gegangen war, rief Wala alte Freunde zusammen, Finanzexperten und Juristen, stellte einen Fünf-Jahres-Plan auf und ließ sich zum Präsidenten wählen. Nur widerwillig zwar, seinen Ruhestand hatte er sich eigentlich anders vorgestellt, aber in einer Situation von existenzieller Not hatte er keine andere Wahl.

Zugute kam ihm dabei, dass die Nachricht vom Zustand der Vienna schon die Universitäten erreicht hatte. Walas Sohn Thomas arbeitete als wissenschaftlicher Assistent an der Wiener Universität und schlug drei Wirtschaftsstudenten vor, eine Analyse darüber zu erstellen, wie die Vienna zu retten sei. Die Diplomanden sahen sich dazu die Bilanzbücher des Vereins an, befragten Fans und sprachen mit Funktionären anderer Klubs, die vorgemacht hatten, wie man auch in Österreich vernünftig und seriös wirtschaften kann. Auf der Grundlage ihrer Untersuchungen erarbeiteten sie Ideen, wie der Verein in Zukunft effizienter arbeiten könne. »Manche Empfehlungen waren im Grunde banal«, erzählt Georg Dum, einer der Autoren, »aber bei der Vienna hat es schon allein daran gemangelt, dass niemand die Stadiontoiletten benutzen wollte, weil die so furchtbar waren.« Die Arbeit wurde mit »sehr gut« bewertet.

Wenn die Vienna in das Unterhaus der Bundesliga aufgestiegen sei, in die so genannte Erste Liga, dachten die Studenten, dann würden sie sich womöglich an eine Promotion über die Frage machen, wie man den Verein zurück nach ganz oben führen kann. Doch vorher mussten sie den Verantwortlichen erst einmal klarmachen, dass das so lange nichts wird, wie die Vienna einen Kader hat, der so teuer ist, dass zur Hälfte der Saison kein Geld mehr in der Kasse ist. Denn bei der Vienna galten lange Zeit dieselben Gesetzmäßigkeiten wie in vielen anderen Vereinen in Österreich, egal, ob sie sich für die Qualifikation zur Champions League strecken oder für den Aufstieg in die Erste Liga. Die Verantwortlichen lassen sich immer wieder auf dasselbe waghalsige Glücksspiel ein. Sie investieren hohe Summen in überteuerte Spieler, die sie sich eigentlich nicht leisten können. Dann hoffen sie auf den sportlichen Erfolg, der das ausgegebene Geld wieder hereinspült. Auch bei der Vienna hatte das nicht geklappt.

Punkt für Punkt arbeiteten die alten Männer um Wala die Vorschläge aus der Diplomarbeit ab. Zunächst wandten sie mit ein paar Feuerwehraktionen den Kollaps ab, anschließend verhandelten sie im Stillen mit den Gläubigern darüber, einen Teil der Schulden zu erlassen. Im nächsten Schritt ersetzten sie die alten, satten und teuren Spieler durch junge, hungrige und vor allem günstigere. Dann warteten sie geduldig auf den sportlichen Erfolg. So haben Wala und seine Freunde es geschafft, den Verein wieder auf gesunde Beine zu stellen. Ohne den Weg in den Konkurs antreten zu müssen, wie er stolz betont. Denn dass eine alte Dame öffentlich um Unterstützung betteln muss, das war für den Herrn alter Schule unvorstellbar.

Vier Jahre nachdem Wala sich zum Präsidenten hatte wählen lassen, war der Verein schuldenfrei und plötzlich das leuchtende Beispiel dafür, dass es auch anders geht in Österreich. »Die Vienna ist so etwas wie die Antithese zum österreichischen Fußball«, sagt Wala, der manchmal entsetzt war darüber, wie die anderen Vereine wirtschaften. »Wir zahlen pünktlich unsere Steuern, die Krankenkassenbeiträge und die kommunalen Abgaben. Andere Vereine sagen, sie machen das auch, aber man muss sich schon wundern, dass manche nicht einmal eine Steuernummer haben. Wir haben dadurch schon einen Konkurrenznachteil.« Dass die Vienna deshalb mit Gegnern nicht mehr mithalten kann, die mehr Energie in ihre Mannschaften stecken und weniger in eine saubere Buchführung, nimmt er hin. Dafür kann er seinen Angestellten zu jedem 15. pünktlich ihr Gehalt überweisen. Das ist in Österreich, wo Vereine in regelmäßiger Folge in den Konkurs gehen, keine Selbstverständlichkeit mehr. Wenigstens in puncto Seriosität und Finanzdisziplin nimmt die Vienna heute wieder einen Spitzenplatz ein.

Ob die Erstgeborene jemals wieder dort ankommen

wird, wo sie nach Meinung vieler Österreicher hingehört: Wala ist skeptisch. »Jeder Sponsor muss sich bewusst sein, dass das hier eine längere Geschichte wird«, sagt der 70-Jährige. Es sei in Österreich überhaupt sehr schwer geworden, jemanden zu finden, der bereit ist, in den Fußball zu investieren, erzählt er. »Wir haben zum Beispiel mit einer namhaften Firma um eine kleine Summe verhandelt. Aber es wurde uns gesagt, dass man sich momentan im österreichischen Fußball lieber nicht engagieren will.«

So bleibt der Vienna nichts anderes übrig, als sich Stückchen für Stückchen nach oben zu kämpfen. Natürlich, sie könnte sich auch wieder ein bisschen herausputzen und zum Beispiel die Hohe Warte herrichten. Man könnte die Gerüstpodeste abbauen und in den Hang eine kleine Tribüne setzen, dann kämen vielleicht auch wieder mehr Leute nach Döbling. Aber das kostet alles sehr viel Geld. Und das würde sich nur lohnen, wenn die Vienna endlich auch auf dem Rasen mal wieder Erster würde. Bis Georg Dum und seine Kollegen mit der Arbeit an ihrer Promotion beginnen können, werden wohl noch ein paar Jahre vergehen.

Es geht nicht ohne, es geht nicht mit – Rapid und Austria, die Antipoden aus der Hauptstadt

Der Herbst 2006 hatte für viele Fußballanhänger in Österreich etwas sehr Verstörendes. Zum Ende der ersten Saisonhälfte standen auf den letzten Tabellenrängen, dort, wo sonst nur Kellerkinder aus Altach oder Eintagsfliegen wie Untersiebenbrunn um jeden Punkt grätschen, mit dem Sportklub Rapid Wien und dem Fußballklub Austria Wien die beiden prominentesten Vereine des Landes mitten im Kampf gegen den Abstieg. Vorneweg in der Meisterschaft nahm die mit viel PR-Geld hochgepumpte Betriebsmannschaft von Red Bull Salzburg die Konkurrenz auf die Hörner, dahinter teilten sich lästige Provinzmannschaften wie Mattersburg, Ried und Pasching das Feld. Die Austria auf Rang zehn, Rapid einen Platz davor: Es war eine einzigartige Konstellation in der langen Tradition der zwei erfolgreichsten Klubs, die nach dem »Old Firm« in Glasgow das am zweithäufigsten ausgetragene Stadtderby Europas spielen. Als Österreich ein paar Monate später in der FIFA-Weltrangliste hinter kickende Hochkaräter wie die Kapverdischen Inseln zurückfiel, fühlte sich mancher an einen Satz von Joschi Walter erinnert. Der legendäre Geschäftsführer der Austria, der den Verein zum erfolgreichsten Klub der Nachkriegsgeschichte gemacht hatte, sagte einmal: »Wenn es der Austria gut geht, geht es dem österreichischen Fußball gut.« Und jetzt erging es gleich beiden Großklubs aus der Hauptstadt so schlecht wie niemals vorher in ihrer Geschichte.

Austria, die launische Diva und Cup-Rekordhalter, und Rapid, der massige Kämpfer und Rekordmeister, auf dem

Weg in die Zweitklassigkeit? Ein für unvorstellbar gehaltenes Szenario wurde plötzlich zur realen Schreckensvision. Doch dass die beiden Klubs in diesen trüben Wochen so nah am Abgrund standen, war weniger eine Momentaufnahme als vielmehr die Folge einer Entwicklung, die schon viel früher eingesetzt hatte und die man – in guter Wiener Tradition – erst wahrhaben wollte, als es fast zu spät war.

Das Schicksal der großen Antipoden des österreichischen Fußballs verdeutlicht den sportlichen Abstieg des österreichischen Fußballs insgesamt. Wer den Gegensatz zwischen Rapid und Austria, der das Land in zwei Gruppen spaltet, versteht, begreift auch die österreichische Gesellschaft: die historische Rivalität zwischen Bürgertum und Arbeiterschaft, die Konkurrenz von Geld und Leidenschaft und das Aufeinanderprallen intellektuellen Feinsinns und derber Begeisterung. Violett (die Farbe der Austria) oder grün-weiß (Rapid) – das ist die Frage, bei der sich in Österreich jeder be- oder zumindest auskennen muss. Von Beginn an war der Fußball in Österreich urwienerisch geprägt, und wie in kaum einem anderen Land Europas hat er sich im Gegensatz zwischen der Hauptstadt und dem Rest – oder vielmehr: zum als Provinz empfundenen Rest – des Landes entwickelt.

Der populärste Klub des Landes wurde 1898 ursprünglich als »1. Arbeiter Fußball-Club« gegründet, wegen behördlicher Probleme musste er sich jedoch bald umbenennen und tat dies in Anlehnung an die Berliner Rapide 93, von deren Fußball die Gründer beeindruckt waren. Die Namensänderung wirkte sich bald auf den sportlichen Erfolg aus. Hatte man in den ersten Monaten des Bestehens noch herbe Schlappen einstecken müssen – etwa ein 0:20 gegen den WAC –, emanzipierte sich die forsche Rapid rasch. Schon früh definierten sich die Grün-Weißen, die in ihren ersten Jahren noch in Blau-Rot antraten, über Willen, Kampfkraft und kollektive Leidenschaft. »Rapidgeist ist, bei 8:0 weiter anzugreifen«, so hat es der Ex-Rapidler Erich Fak einmal ausgedrückt. 1911 gewann der Verein die erstmals ausgetragene Meisterschaft und stellte nach dem Ersten Weltkrieg mit Josef »Tank« Uridil den ersten Star, der sich mit Werbung und sogar einem Spielfilm medial vervielfältigte. Der Foxtrott-Song »Heute spielt der Uridil« gehört heute noch zum Gedächtnis der Stadt, auch wenn ihn inzwischen nur noch wenige selbst je gehört haben. Uridil war aber die Ausnahme in einem Verein, dessen Führung bereits früh auf personelle und ökonomische Kontinuität setzte und das Aufkommen von Startum und Heldenverehrung verhinderte, wie es bei der Austria, der Vienna oder dem jüdischen Klub Hakoah verbreitet war. Der Vorstadt- und Arbeiterverein beschwor die Tugenden der moralischen und physischen Überlegenheit, er setzte auf die Stärke des Miteinanders, was so weit ging, dass zeitweise alle Spieler das gleiche Gehalt bezogen.

Im Gegensatz zur Geburt der Rapid steht der Kaiserschnitt des FK Austria für die Gründung eines bürgerlichen City-Klubs. 1911 spalteten sich die Violetten von den Cricketern ab und firmierten zunächst als Amateure, mit dem Auftrag, das elegante Spiel zu kultivieren. In der Vereinsbroschüre aus dem Jahre 1920 etwa ist zu lesen: »Die Violetten repräsentieren eine eigene Marke im Wiener, ja im österreichischen Fußballleben. Sie waren nie das, was man eine ›harte‹ Mannschaft nennt, wohl weil ihr Verein lange Zeit in mindestens demselben Maße darauf bedacht war, Gesellschafts- wie Fußballklub zu sein. Die Mehrzahl der Spieler waren Intellektuelle, Studenten und Kaufleute. An der Spitze stand ganz unabsichtlich fast stets ein Doktor oder ein Professor.« Bereits in den Anfangsjahren entstand der Ruf, der an der Austria bis in die Gegenwart klebt: dass sie ein von der Eitelkeit ihrer Funktionäre dominierter

Verein sei, der immer wieder an sich selbst scheitert und dem Glauben anhängt, aller Erfolg sei kaufbar.

Die Austria zelebrierte ihre Ausrichtung als Kaffeehaus-Klub einmal jährlich im Zigarrendunst der »Violetten Redoute«, zu der sie ihre Mitglieder lud. 1924 feierte sie, im letzten Jahr des Amateurfußballs, ihren ersten Meistertitel. Salonflair und Wankelmut regierten auf der einen, Solidarität und der Duft aus Fabrikschloten auf der anderen Seite. Die bodenständige Rapid gründete im Jahr 1923 aus Ärger über die Berichterstattung in den Zeitungen sogar ein eigenes Magazin. In der Zwischenkriegszeit manifestierten sich die Unterschiede außerhalb wie auf dem Rasen, beiden gemeinsam war der frühe sportliche Erfolg auch auf internationaler Ebene: 1930 gewann Rapid als erste österreichische Mannschaft den Mitropa-Cup, 1933 und 1936 tat es ihr die Austria gleich, die unter der Führung von Matthias Sindelar die folgenden Jahre ihre Gegner nach Belieben »pflanzen« sollte. Das Mitropa-Cup-Finale zwischen Austria und Ambrosiana Mailand, wie Inter damals hieß, sahen 58 000 Zuschauer. Es war lange Zeit der Zuschauerrekord bei einem Vereinsspiel. Die Rapid hat in ihrer Chronik sogar einen deutschen Meistertitel stehen – errungen in einem Spiel, um dessen Ausgang sich bis heute Mythen ranken.

Am 22. Juni 1941 traf Rapid – Österreich war als »Ostmark« längst an das deutsche Reich angeschlossen – im Finale der Meisterschaft auf Schalke. Im voll besetzten Berliner Olympiastadion führten die Deutschen bald mit zwei Toren, Franz »Bimbo« Binder, der in seiner Karriere 1006 Tore in 756 Spielen für Rapid schoss, hatte zu allem Überfluss einen Elfmeter vergeben. Kurz nach der Pause gingen die Kicker aus dem Ruhrpott sogar mit 3:0 in Führung und begannen, die Kugel laufen zu lassen. Unter dem Gejohle der knapp 100 000 Zuschauer berührten die

Rapidler kaum einen Ball. Bis zum 1:3-Anschlusstreffer, der – so sieht man es in Grün-Weiß – den Rapid-Geist weckte. Binder versenkte einen Freistoß zum 2:3 und korrigierte seinen Fehler aus der ersten Halbzeit – er erzielte per Elfmeter den Ausgleich. Als er fünf Minuten später mit einem seiner berüchtigten Freistöße das 4:3 folgen ließ, galt die Sympathie der Zuschauer nur noch den wackeren Wienern.

Wie es zu dieser dramatischen Wende kommen konnte, ist bis heute umstritten. In der Halbzeitpause war der Reichssportführer Hans von Tschammer und Osten noch mit einer Kiste französischen Champagners hinter der Kabinentür der Schalker verschwunden. Um seinem Lieblingsteam vorzeitig zum Sieg zu gratulieren, sagen die Anhänger von Rapid. Weil er die Anweisung ausgab, die Grün-Weißen gewinnen zu lassen, das sagen die Schalker. Um das spannungsgeladene Wien ruhigzustellen, sei der Sieg Rapids unabdingbar gewesen, und bis zum 3:0 habe man eben demonstriert, wer der eigentliche Chef auf dem Platz gewesen sei.

Unbestritten aber ist: Sämtliche Rapid-Spieler wurden anschließend an die Front beordert, Binder kam als Sanitäter nach Russland. Denn dieser 22. Juni 1941 war nicht nur ein Tag des Fußballs – es war auch der Tag, an dem Nazi-Deutschland in Stalins Reich einfiel. Noch am Mittag war nicht sicher gewesen, ob das Spiel überhaupt stattfinden würde, da man einen Luftangriff auf die Reichshauptstadt fürchtete. Aus Mangel an erstklassigen Spielern gewann Rapid bis zum Ende des Krieges keinen Titel mehr, der des deutschen Meisters wird bis heute wie selbstverständlich in der Vereinschronik geführt.

Um den Schein der äußeren Normalität zu wahren, hielten die Nationalsozialisten den Wiener Fußballbetrieb weitgehend aufrecht, der jüdische Teil wurde jedoch komplett eliminiert. Der Traditionsklub Hakoah etwa wurde 1938 am Tag nach der Annexion an Deutschland aufgelöst, die Spieler verfolgt oder in Konzentrationslager deportiert. Nach dem Zweiten Weltkrieg wurde er wieder ins Leben gerufen. Aber hatten in den zwanziger und dreißiger Jahren etwa 200 000 Juden in der Stadt gelebt, waren »1959 in Wien weniger Juden als die Hakoah im Jahre 1938 Mitglieder hatte«, wie der Hakoahianer Arthur Baar später schrieb.

Auch das jüdisch gefärbte Umfeld der Austria war den neuen Machthabern ein Dorn im Auge, der Vorstand des Vereins wurde deshalb bereits kurz nach dem Anschluss seines Amtes enthoben. Die Austria wurde in SC Ostmark umgetauft, die Änderung aber wenige Monate später nach Protesten der Mitglieder wieder aufgehoben. Was jedoch nicht ungeschehen gemacht werden konnte, war die bis heute höchste Niederlage der Violetten. Der Klubkassen und vieler geflohener jüdischer Spieler beraubt, erlitten sie 1942 ein 10:2-Debakel – ausgerechnet gegen Rapid.

Nach dem Zweiten Weltkrieg verschwanden Budapest und Prag hinter dem Eisernen Vorhang und somit die bis dahin wichtigste Inspirationsquelle des Wiener Fußballs. Zwischen den drei großen Metropolen hatte sich bis Kriegsbeginn ein reger Austausch entwickelt, so entstand in der Kombination aus Wiener Spielwitz, dem schnellen ungarischen Kurzpassspiel und dem böhmischen »Mala Ulica«, dem klugen Pass in die Spitze, ein Stil, der als »Calcio Danubiano« sein eigenes Etikett bekam. Das technisch schöne Spiel der Austria etwa wurde vor allem von den ehemaligen MTK-Budapest-Spielern Konrád und Jenö Kálmán sowie Alfred Schaffer geprägt.

An den Rand des Eisernen Vorhangs gedrängt, die jüdische Bevölkerung ausgerottet und vertrieben, büßte Wien nach dem Ende des Zweiten Weltkriegs an kultureller Dominanz zunehmend ein. Die Not regierte in der Nachkriegszeit wie anderswo auch, trotzdem oder gerade deswegen konnten die Wiener Klubs vorerst ihre Vormachtstellung beibehalten. Fußball blieb Realitätsflucht wie Chance auf sozialen Aufstieg. Bereits in den dreißiger Jahren waren Hunderte Buben einem Aufruf zum Probetraining bei Rapid gefolgt, darunter ein kleiner, blonder Bengel, der zum berühmtesten Fußballbotschafter des Landes werden sollte: Ernst Happel. In den fünfziger Jahren wurde er zur Identitätsfigur der Grün-Weißen. Unter dem begnadeten Spielgestalter Ernst Ocwirk, der 1952 vom französischen Blatt »France Football« zum besten Spieler Europas gewählt wurde, schlossen auch die Violetten überraschend schnell an die Erfolge der Vorkriegszeit an.

Der Journalist Wolfgang Winheim hat diese Zeit selbst erlebt. Als Kind hat er noch kilometerweit die Schuhe zum Training der Vienna getragen. Für die eigene Karriere hat es nicht ganz gereicht. Aber die Leidenschaft für den Fußball ist dem Ex-Sportchef der Zeitung »Kurier« und jahrzehntelangen Chronisten des österreichischen Fußballs nie abhandengekommen. Seine Erklärung für die Wiener Dominanz klingt ganz einfach: »Damals gab es zehn Teams in Wien, die Woche für Woche angetreten sind und sich gegenseitig befruchtet haben«, sagt er. In einem zwischen Spott und Ironie pendelnden Dialekt, wie ihn nur ein gebürtiger Wiener hinbekommt, fügt er hinzu, »wenn sie dann in die Provinz gefahren sind, haben sie ihre Gegner weggeschossen. Dort wusste niemand, was es an Möglichkeiten im Kreativen gibt«.

Doch mit der aufkommenden Wohlstandsgesellschaft erodierte allmählich die Grundlage des Wiener Fußballs. Die Formel ist so einfach wie global gültig: ohne breite Basis keine starke Spitze. Es gab schlicht zu viele Vereine für zu wenig Interessenten und Sponsoren. Bereits bis zum Jahr

1925, ein Jahr nach der Gründung der Profiliga, waren in Wien 36 »Professionalvereine« entstanden. London, eine Stadt mit viermal so vielen Einwohnern, brachte es nur auf knapp ein Dutzend. Was damals schon zu viel war, war es angesichts des steigenden Freizeit- und Kulturangebots der Stadt erst recht. Konsequenterweise verschwanden manche Traditionsklubs wie der FC Wien, Wacker Wien, der Wiener Sportclub oder der Simmeringer FC allmählich in den unteren Ligen.

Von den vielen Derbys, die die Stadt zu bieten hatte, blieb allmählich nur dieses eine übrig, und es wurde mit immer größerer Leidenschaft ausgetragen. Schon früh besaß Rapid den stärksten Anhang des Landes, der nicht nur durch die stimmgewaltige Unterstützung der eigenen Mannschaft auf sich aufmerksam machte, sondern auch durch gewaltvolle Exzesse. Bis heute sind die »Ultras« für ihre Choreographien bekannt und für ihre Eskapaden berüchtigt. Aber als Rapidler wird man eben geboren, sagen die Rapidler, und das verwirrt manchmal die Sinne. Es macht jedoch auch erfinderisch. Bereits 1918 entstand die heute noch einzigartige »Rapid-Viertelstunde«, in der der Beginn der letzten 15 Spielminuten rhythmisch eingeklatscht wird – zweimal lang, dreimal kurz. Soll heißen: Jungs, nochmal Gras fressen! Als eindrucksvollstes Beispiel dafür gilt noch immer ein Spiel aus dem Jahre 1921, in dem Rapid gegen den WAC 3:5 im Rückstand lag. Am Ende ging man als 7:5-Sieger vom Platz, angeführt vom siebenfachen Torschützen Uridil. Selbst für einen Klassiker der Weltliteratur ist die johlende Rapid-Gemeinde mitverantwortlich. Der spätere Literaturnobelpreisträger Elias Canetti erklärte, dass ihn die Schreie vom fernen Rapid-Platz, der Pfarrwiese, wo die Rapid bis 1977 ihre Heimspiele austrug, zu seinem Werk »Masse und Macht« inspiriert hatten.

Die Austria kann mit keinem derartig inspirierten oder leidenschaftlichen Anhang glänzen. Die Besucher der noblen Violetten beließen es – zumindest in den Anfangsjahren – bei bloßem Pfuigebrüll. Wem das nicht passte, für den war die Austria eben die falsche Adresse. So schrieb ein Vereinsmitglied, nachdem die Amateure von der Arbeiter-Zeitung als der unpopulärste Verein Wiens bezeichnet worden waren: »Wenn behauptet wird, dass die Amateure sich keiner großen Sympathie in den ›breiten Volksmassen‹ erfreuen, so hat der Verfasser unbestritten recht. Es wäre nur zu untersuchen, ob der Amateursportverein diese ›Popularität‹ anstrebt. Schon aus der Zusammensetzung seiner Mitglieder kann man leicht ersehen, dass dies nicht der Fall ist. Es nützt nichts, auch die ›so genannte bessere Gesellschaft‹ hat eine Lebensberechtigung im Sport, und leider kann nicht jedermann aus Ottakring oder Rudolfsheim sein. Man muss es eben tragen! Übrigens ist der Amateursportverein finanziell so fundiert, dass er auch ohne eine quantitativ große Anhängerzahl existieren kann.«

Das muss er allerdings auch. Sogar in ihrer Glanzzeit füllte die Austria selten das Stadion – und wenn, nicht das eigene. Wenn die Violetten zu Besuch waren, kamen die Provinzler in Scharen, um die Kicker aus der Hauptstadt samt ihrer gepriesenen Legionäre vom hohen Ross fallen zu sehen. Zu Spielen von Rapid strömen die Fans auch, wenn der Verein am Tabellenende steht. Die Austria bekommt selbst als Tabellenerster die Hütte nicht voll. Es ist wie in Stein gemeißelt: Zur Rapid gehen die Fans, zur Austria kommen die Zuschauer. Am 27. April 1958 aber blieben beide Fraktionen zu Hause. Es war die erste Live-Übertragung eines Meisterschaftsspiels im österreichischen Fernsehen, im Stadion fanden sich ganze 6700 Zuseher beim Derby ein, 150 000 machten es sich dagegen vor dem Bildschirm gemütlich.

Dieser Tag zeigte vor allem eines: Der vielbeschworene österreichische Hang zur Bequemlichkeit ist kein Mythos. Es wäre aber undenkbar gewesen, als erste Live-Übertragung ein Spiel mit Beteiligung einer Mannschaft aus einem der restlichen acht Bundesländer auszuwählen – die Hauptstadt Wien ist das neunte. Es musste schon Rapid gegen Austria sein. Die Wahrscheinlichkeit, damit den kommenden Meister im Bild zu haben, war vergleichsweise hoch. Erst in der Saison 1964/65 wurde mit dem Linzer ASK ein Nicht-Wiener Verein Meister. Mit drei Meistertiteln in den Jahren 1971 bis 1975 schaffte Wacker Innsbruck erstmals so etwas wie einen Bruch dieser Vorherrschaft. Die Hauptstadt aber schlug zurück. Beim Cup-Finale 1976 musste Rapid ein 1:2 gegen Wacker Innsbruck aus dem Hinspiel wettmachen. Sie tat dies mit einem 1:0-Sieg – angefeuert von der kompletten Austriamannschaft, die in Rapidhüten auf der Tribüne saß. Gegen die Provinz muss man eben zusammenhalten, auch darin liegt die Besonderheit der Wiener Rivalität. Im UEFA-Cup 1981 kam es im Praterstadion zu einer Doppelveranstaltung – Rapid spielte gegen Videoton aus Ungarn, danach die Austria gegen Tirana. Kann man sich das in Madrid oder Mailand vorstellen?

1977 zog Rapid von der Pfarrwiese in das Weststadion in Hütteldorf um und eröffnete die neue Spielstätte mit einem 1:0-Sieg – natürlich gegen die Austria. Nachdem Baumängel festgestellt worden waren, wurde der reguläre Spielbetrieb dort erst in der Saison 1978/79 aufgenommen – wieder war die Austria zu Gast, und wieder blieb Rapid mit 3:1 siegreich. 1981 wurde das Stadion in Gerhard-Hanappi-Stadion umbenannt. Hanappi war lange Zeit österreichischer Rekordinternationaler mit 93 Spielen, bis er von Andreas Herzog abgelöst wurde, der seine Karriere bei Rapid Wien begonnen hatte und 103 Spiele bestritt. Hanappi hatte sogar in Kauf genommen, von seinem alten Verein gesperrt zu werden, weil er unerlaubt zu Rapid gewechselt war. Nach seiner aktiven Laufbahn wurde er Architekt und entwarf seinem Klub ein Stadion, das nach seinem Tod nach ihm benannt wurde.

Im neuen Stadion ging es mit der Rapid wieder aufwärts. 1982 beendeten die Hütteldorfer, angeführt von Hans Krankl, 14 traumatische Jahre ohne nationalen Meistertitel. Auf internationalem Parkett stießen die Grün-Weißen sogar in zwei Endspiele im Europapokal der Pokalsieger vor. Wie man 1985 im Viertelfinale ein 0:3 bei Dynamo Dresden mit einem furiosen 5:0 im Hanappi-Stadion wettmachte, lässt heute noch Rapid-Herzen höherschlagen. Angestachelt von den Live-Bildern der TV-Übertragung pilgerten die Fans in der Pause ins Stadion, um das Wunder vor Ort mitzuerleben. Vorher hatte niemand mehr so recht an den Rapid-Geist glauben wollen. Das Finale gegen den FC Everton ging aber 1:3 verloren. 1996 schossen ein junger Carsten Jancker und sein Sturmkollege Christian »Büffel« Stumpf Rapid ins Finale, doch das gewann Paris St. Germain mit 1:0. Auch die Austria schaffte es 1978 ins Europapokal-Finale der Pokalsieger, musste aber mit einer 0:4-Schlappe gegen den RSC Anderlecht nach Hause fahren. Die Sport-Tageszeitung L'Equipe schrieb in ihrem Spielbericht: »Die Eleganz, die Liebe zur schönen Geste, aber auch eine gewisse Langsamkeit in der Spielentwicklung führte ohne Zweifel dazu, dass die Wiener den Pokal einem realistischeren Gegner überlassen mussten.«

Zu Hause war die Austria dagegen schneller als alle anderen. Dirigiert vom jungen Herbert Prohaska war sie zu jener Zeit mit vier Meistertiteln in Folge eine Klasse für sich, 1979 schafften es die Violetten sogar bis ins Halbfinale des Landesmeister-Pokals.

Es waren dies Erfolge, die den österreichischen Fußball

international am Leben erhielten. Nach ganz oben schaffte man es nie, aber auch niemals ganz nach unten. In den achtziger Jahren standen mit dem ungarischen Nationalkapitän Tibor Nyilasi (Austria) und dem Tschechoslowaken Antonin Panenka (Rapid), dessen Elfmeter-Schupfer beim EM-Finale 1976 Sepp Maier noch heute Magenschmerzen verursachen mag, Legionäre auf hohem Niveau in den eigenen Reihen. Nicht von ungefähr kamen sie aus Ungarn und der ČSSR, den früheren politischen und sportlichen Brüderstaaten. Noch dominierten die beiden Vereine die heimische Liga. Aber der europäische Fußball hatte längst Fahrt in eine andere Richtung aufgenommen.

Allmählich machten die guten Legionäre einen großen Bogen um Wien oder kamen, wenn sie längst über ihren Zenit hinaus waren. Das 1995 gefällte Bosman-Urteil schließlich verwirbelte den beiden Wiener Vereinen komplett die Sinne. Konfus reagierten sie deshalb auf die Moderne, ließen sich überteuerte Spieler aus dem Ausland andrehen und kümmerten sich nicht mehr darum, sie sich im kleiner werdenden Wiener Biotop selbst heranzuziehen. So schlitterten die beiden Klubs in Krisen ungekannten Ausmaßes, jeder auf seine Weise. 1994 gründete Rapid eine erfolglose Aktiengesellschaft und häufte einen Schuldenberg von über sieben Millionen Euro an. Der neue Eigentümer Bank Austria dachte zuerst über eine Auflösung des Traditionsvereins und später sogar über eine Fusion mit dem violetten Erzfeind nach. Erst nach Interventionen aus der Politik und Protesten von wütenden Fans, die ihre Konten kündigten, rang sich die Bank zu einer Sanierung durch. Die Austria verlor sich nach dem Tod der großen Integrationsfigur Joschi Walter Anfang der neunziger Jahre im Gezeter ihrer Funktionäre. Mit akribischer Disziplin hatte Walter über den Verein gewacht, er kümmerte sich um saubere Bilanzbücher und um das Geld der Sponsoren.

Seine Nachfolger scherten sich allerdings nur noch darum, irgendwie erfolgreich zu sein, koste es, was es wolle. Es gibt schließlich einen Ruf zu verlieren, und der ist weit wichtiger als die Existenz.

An diesen Ruf erinnern die Pokale, die in riesigen Glasvitrinen im Foyer des Austria-Sekretariats stehen und eine dezente Patina-Schicht tragen. Je größer der Pokal in der Glasvitrine, verrät die Gravur, desto älter. Dieser Fußballadel verpflichtet. »Schaun's«, sagt Thomas Parits, und der 61-Jährige sagt es oft, wenn er einen Satz beginnt und versucht, in seiner freundlichen Art zu erklären, warum der österreichische Fußball sich in den letzten Jahren an den falschen Zielen orientiert hat, warum trotz der 280 Millionen Euro, die der austro-kanadische Mäzen Frank Stronach seit der Jahrtausendwende in den Klub gebuttert hat, noch immer kein Champions-League-Titel für die Austria rausgesprungen ist und warum sich im Schnitt nur 7000 Zuschauer im Stadion der Austria blicken lassen, das nach dem ehemaligen Präsidenten des Wiener Fußballverbandes Franz Horr benannt ist, im Volksmund aber gerne Horror-Stadion genannt wird – in erster Linie natürlich vom Rapid-Anhang.

»Schaun's«, sagt Parits, »es gab Budgets von 35 Millionen, da wurden Unsummen gezahlt, das ist für den österreichischen Fußball nicht realistisch. Ich habe jetzt 15 Millionen, mit denen ich auskommen muss. Wir müssen sportlich zurückschrauben. Natürlich ist die Champions League das Ziel, um sich zu sanieren. Aber in der Qualifikation für die Champions League bekommen österreichische Teams stets einen Brocken vorgesetzt. Dann müssen Ostern und Weihnachten auf einen Tag fallen, damit sie sich qualifizieren.«

Bis Anfang 2007 hat der ehemalige Austrianer, Deutschland-Legionär und 27-fache Nationalspieler Tankstellen im

Burgenland betrieben. Dann kam der Anruf von Stronach. Jetzt ist er General Manager der Austria. So schnell kann es gehen im österreichischen Fußball, vor allem bei der Austria. Unter Joschi Walter war Parits noch Trainer der Violetten. Es ist eben noch nicht alles aus der guten, alten Zeit verschwunden. Wenn Parits aus den Geschäftsräumen des Stadions blickt, sieht er auf eine Schrebergarten-Kolonie, die nur durch einen dünnen Zaun vom Asphaltweg des Stadions getrennt ist. Beim Blumengießen könnte Frau Meier einem verwunderten Wayne Rooney das Wasser vor die Füße tropfen lassen, sollte sich doch noch die Champions League hierher verirren, nach Wien-Favoriten. Mehr Arbeiterviertel als im 10. Wiener Gemeindebezirk geht nicht, weniger Zuschauer auch nicht. Deswegen zieht die Austria bald um. In Rothneusiedl, noch tiefer im Süden Wiens, ist ein modernes Stadion samt Einkaufszentrum geplant. 2011 soll es fertig sein und 30 000 Menschen Platz bieten. Das wären dann etwa viermal so viele Zuschauer, wie sie der aktuelle Besucherschnitt ausweist. Thomas Parits ist dann vermutlich wieder bei seinen Tankstellen. Es wird nicht leicht sein, den Wiener dazu zu bringen, für die Austria nach Rothneusiedl zu fahren. Da kommt schon eher Wayne Rooney.

Die Rapid hingegen bleibt, wo sie hingehört – in Hütteldorf. Selbstbewusst spricht Alfred Hörtnagl, Sportdirektor von Rapid, von seinem Verein als »Marke, die sich nicht mit Haut und Haaren einem Investor ausliefert«. Diesen Seitenhieb auf die von Stronach regierte Austria wie auf Red Bull Salzburg kann sich der ansonsten so besonnene Manager nicht verkneifen. Hörtnagl war in seiner aktiven Zeit ein von seinem Ehrgeiz und seiner Athletik lebender Mittelfeldspieler, seit Anfang 2007 ist der »König der Grätscher«, wie ihn das Vereinsmagazin einmal genannt hat, verantwortlich für die sportliche Zukunft. Der 1966 geborene Tiroler hat auch bereits eine Autobiographie geschrieben, sie heißt »Kämpfen und Siegen mit Herz«. Kaum vorstellbar, dass er mit dieser Visitenkarte bei der Austria weiter als bis zur Empfangssekretärin gekommen wäre. Bei Rapid dagegen mag man diese Einstellung, auch wenn sie von einem schlanken Tiroler kommt, der seinen kehligen Dialekt nur mühsam unterdrücken kann. In seinem Büro steht ein Tisch und darauf ein Computer, daneben ein Wasserkrug mit Mineralsteinen. Ansonsten ist der Raum leer und spartanisch. Nichts, so hat es den Anschein, soll den drahtigen Manager davon ablenken, Rapid wieder dahin zu bringen, wo der Klub hingehört.

Hörtnagl wie Parits drückt der gleiche Schuh. Sie leiten die Geschicke der beiden Wiener Großvereine, die im globalisierten Fußball an Profil verloren haben. Nicht von ungefähr ertönt bei jeder halbwegs brenzligen Situation der Ruf der Fans nach den letzten Galionsfiguren ihrer Mannschaften: Herbert Prohaska und Hans Krankl. Deren Namen stehen für eine Zeit, in der man national die Provinzler düpierte und international zumindest seinen Platz in der zweiten Reihe sicher hatte. Und in der immer klar war, wer auf welcher Seite steht. Inzwischen aber wechseln die Spieler zwischen Rapid und Austria hin und her, und nachdem im August 2006 Georg Zellhofer als Trainer bei Rapid entlassen worden war, nahm er zwei Monate später auf der Bank der Austria Platz. Da mag Hans Krankl als Trainer der Grün-Weißen noch so erfolglos gewesen sein, er erreichte in drei Jahren noch nicht einmal eine UEFA-Cup-Platzierung, aber zumindest auf eines konnten sich die Anhänger immer verlassen: Dass er eines Tages auf der Trainerbank des Rivalen Platz nehmen wird, ist so wahrscheinlich wie ein WM-Titel der Nationalmannschaft. Und da, wo Treue immer seltener ist, wird ihr Bruch mitunter vehement geächtet.

So sorgte im Mai 2007 ein kleiner Kern von Rapid-Fans beim Länderspiel Österreichs gegen Schottland für einen nie dagewesenen Eklat. Es war das erste Spiel, bei dem Andreas Ivanschitz, der junge Kapitän der Nationalmannschaft, in seinem alten Stadion auflief, nachdem der ehemalige grün-weiße Hoffnungsträger zu Salzburg und später nach Athen gewechselt war. Stets hatte er betont, in Österreich gebe es für ihn nur Rapid, und dann war er ausgerechnet zu Red Bull Salzburg gewechselt, dem Inbegriff des traditionslosen Retortenfußballs. Diesen Treuebruch hatten ihm die Fans nicht verziehen, und an diesem Abend im Mai wollten sie nun den Beweis dafür liefern, dass wenigstens für sie noch jene Werte wie Tradition und Solidarität zählen, mit denen der Verein groß geworden ist. Sie hängten Transparente an die Gitter, auf denen »Judaschitz raus aus Hütteldorf« stand, und pfiffen bei jeder Aktion des Burgenländers. Sogar seine Eltern, die im Publikum saßen, wurden beschimpft. Dass anschließend wüste Protestwellen über den ungehemmten Hass der Rapid-Fans durchs Land rollten, dass sich sogar alte Rapid-Legenden verärgert vom grün-weißen Anhang abwandten, war den Fans egal. Wenn es um die Ehre geht, muss man eben Prioritäten setzen.

Auch die wenigen Fans der Austria haben mit dem Verlust alter Werte zu kämpfen. Das ständig wechselnde Führungspersonal demontierte Identitätsfiguren wie Herbert Prohaska oder Toni Polster und sorgte über die Jahre dafür, dass die Violetten ihren Stammplatz nicht in einem der Europapokalwettbewerbe hatten, sondern in den vor Spott triefenden Sportteilen der Wiener Zeitungen.

Zusätzlich belastete das Wiener Fußballherz in den Jahren der eigenen Schwäche, dass mit Sturm Graz eine Mannschaft aus der Steiermark zum österreichischen Aushängeschild in der Champions League wurde, und das mit durchaus achtbarem Erfolg. Die erfolgsverwöhnten Wiener waren zum Zuschauen verurteilt und wandten sich enttäuscht ab. In der Zuschauerstatistik der Saison 2002/03 hatten sich die beiden Rivalen auf gleichem Niveau eingependelt. Nur noch 5293 Fans im Schnitt klatschten im Hanappi-Stadion die Rapid-Viertelstunde ein, Austria lag knapp dahinter mit 5283 Zuschauern. Den historischen Unterschied zwischen den beiden Rivalen machten nur noch zehn Zuseher aus.

Dass sie am Ende der Tabelle der Herbstsaison 2006 standen, war nicht auf Verletzungspech oder Formkrisen zurückzuführen, sondern auf überhastete Entscheidungen, überhöhte Ansprüche und fehlenden Weitblick. Noch im Jahr zuvor hatte Rapid überraschend den Meistertitel und den Einzug in die Champions League geschafft und befand sich nun im Sturz ins Bodenlose. Aufgrund der willkürlichen Vereinspolitik der Austria erinnerten sich viele Fans eines Spruchs von Friedrich Torberg, dem großen Kaffeehaus-Literaten und leidenschaftlichen Fußball-Poeten, der einmal gesagt hat: »Austrianer ist, wer's trotzdem bleibt.«

Parits und Hörtnagl hatten bei ihrem Dienstantritt erst einmal die Aufgabe, ihre Vereine vor dem Schlimmsten zu bewahren, und wenigstens das glückte. In der Frühjahrssaison 2007 spielten sich beide Mannschaften aus dem Tabellenkeller nach oben. Parits brachte das violette Transferkarussell zum Stehen. Und mit dem von 1860 München zurückgekehrten Publikumsliebling Steffen Hofmann sorgte wieder jemand für Ordnung im Spiel von Rapid. Schon bald fiel kein Wort mehr vom Abstieg, sondern eher von der Champions-League-Qualifikation. In einer Zehner-Liga ist der Weg von ganz unten nach ganz oben eben kein allzu weiter. Die Rapid-Fans strömten wieder in ihr Stadion und reisten mit dem Spruchband »Wien grüßt seine Bauern« zum Tabellenzweiten in das Provinznest Mattersburg. Auch das ist Wien: Von einem Extrem ins andere zu verfallen geht hier sehr schnell.

Nicht aber beim nüchternen Tiroler Hörtnagl. »Das erste Ziel war Konsolidierung«, sagt er, »das ist erreicht. Darauf muss man aufbauen. Wir müssen jungen Spielern eine Plattform bieten, auf professionellem Niveau zu spielen. Und es ist natürlich so, dass man im internationalen Fußball ohne die richtige Infrastruktur nicht mehr erfolgreich sein kann. Dazu gehört ein modernes Stadion mit Skyboxen für Geschäftsleute.« Zwar fürchtet jede Gastmannschaft voller Respekt die einzigartige Stimmung im »Sankt Hanappi«, aber durch die Katakomben des Stadions weht noch immer der Betoncharme der siebziger Jahre. Die Einsatzleitung von Security und Polizei sitzt hinter einer Tür mit der Aufschrift »Dienstraum Magistratur«, die Fans stehen auf Tribünen unter Wellblechdächern. Doch auch Hörtnagl weiß: Es ist nicht leicht, in Wien Visionen nicht als Größenwahn erscheinen zu lassen – vielleicht liegt darin die Ursache für den raffinierten Schmäh der Stadt.

Vor ihm wie vor seinem violetten Pendant Parits liegt noch viel Arbeit. Für den Moment repräsentieren nur die Sportdirektoren die Gegensätze ihrer Vereine, die die Mannschaften auf dem Platz erst wieder finden müssen. Ein warmer Händedruck in Violett, kühle Sachlichkeit in Grün-Weiß. Aber beide wollen weg aus den Untiefen dubioser Budgetpläne und überbezahlter Söldnertruppen – die Austria gar mit einer 2007 gestarteten Imagekampagne, um sie zum »Verein der Herzen« zu machen. Auch Parits ist klar: Schön spielen, verlieren und ein paar blumige Kaffeehaus-Gedichte auf den moralischen Sieg zitieren – das hat zu Zeiten Friedrich Torbergs funktioniert. Der starb 1979. Jetzt sollen die Mannschaften beider Klubs jeweils mit einer Mischung aus arrivierten Kräften und jungen Spielern wieder erfolgreichen Fußball zeigen. Jungen österreichischen Spielern. Sie sollen es nicht zuletzt, weil die beiden Vereine mangels Finanzkraft keine andere Wahl mehr haben. Zum Glück gezwungen – auch das ist der Wiener Weg.

Und wenn etwas Großes passiert, dann kommt der Wiener auch wieder in Massen ins Stadion. Als 2005 Ostern und Weihnachten auf einen Tag fielen, jedenfalls in Hütteldorf, und Rapid die Gruppenphase der Champions League erreichte, wäre für den Zuschaueransturm laut eigenen Angaben das Maracana-Stadion zu klein gewesen. Die Begeisterung dauerte zwar nur einen Herbst – punktlos schied Rapid gegen Bayern München, Juventus Turin und den FC Brügge aus. Aber wenigstens wurde die Geige im Konzert der Großen wieder einmal ausgepackt. Wenn auch nur die vierte.

Visionär des kontinentaleuropäischen Fußballs –
Die Geschichte des Hugo Meisl

Vom Tannenkranz auf der rissigen Erde ist nur ein brauner Reisigring geblieben. Das Einzige, was hier noch wächst, ist Unkraut. Die rot-weiß-rote Banderole mit der Aufschrift »Im Gedenken – der Österreichische Fußballbund« liegt in einer zerknitterten Plastikfolie daneben. In schnörkellosen Buchstaben ist in den grauen Granitblock eingeschliffen: »Hugo Meisl. 16. XI. 1881 – 17. II. 1937.« Dieses Grab, zwischen Kommerzialdirektoren, Architekten und Ärzten im jüdischen Teil des Wiener Zentralfriedhofs gelegen, ist kein Ort des Erinnerns, es ist ein Symbol für das Vergessen.

Als die FIFA im Jahr 2006 die zehn größten Trainer der Fußballgeschichte nominierte, war Hugo Meisl einer von ihnen, neben dem Italiener Vittorio Pozzo, der Italien 1934 und 1938 zum Weltmeister gemacht hatte, dem Wunder-von-Bern-Betreuer Sepp Herberger und dem Fußballphilosophen Cesar Luis Menotti. In Österreich selbst tut man sich allerdings schwer mit dem Andenken an einen Mann, der dem Land keinen Titel beschert und sich den Ruf eines streitbaren Strategen erarbeitet hat. Dabei hätte der Mann, der hier begraben liegt, nicht nur eine würdevollere Ruhestätte verdient, sondern ein Denkmal an der Ringstraße, irgendwo zwischen Oper und Parlament. Denn mit keinem Namen ist der Aufstieg Österreichs zu einer Fußballweltmacht enger verbunden als mit seinem.

Meisl war Trainer und Funktionär, er verfasste Regelbücher und saß der technischen Kommission vor, die die Ausbildung der Schiedsrichter überwachte. Als ÖFB-Generalsekretär führte er 1924 die erste Profiliga des Kontinents ein, gegen alle Widerstände in einem sozialdemokratischen Wien, das in der Kapitalisierung dieses Sports den Untergang der Gesellschaft heraufziehen sah. Drei Jahre später wurde unter seiner Leitung der Mitropa-Cup gestartet, der bedeutendste Vereinswettbewerb Europas vor dem Zweiten Weltkrieg – und er war der geistige Vater des Wunderteams, dank seiner taktischen Raffinesse blieb diese österreichische Nationalmannschaft zu Beginn der dreißiger Jahre eineinhalb Jahre lang ungeschlagen. Denn Hugo Meisl schaffte, woran vor ihm viele gescheitert waren: Er vervollkommnete das österreichische Spiel, indem er dem kunstvollen, verspielten Scheiberln die nötige Effektivität beimengte. »Unsere Fußballschule ist dadurch entstanden, dass die Wiener Spieler und Fußballführer mit offenen Augen die Systeme der anderen Fußballvölker betrachteten, das Gute davon übernahmen, das Schlechte ablehnten. Das derart Gelernte wurde durch den Charme, die Leichtigkeit, das Spielerische und den Mutterwitz, die den Bewohnern der Donaustadt eigen sind, gekrönt«, schrieb er in einem Beitrag für eine Wiener Zeitung. Nebenbei arbeitete Meisl auch als Sportjournalist und betrieb ein Geschäft für Fußballschuhe und Bälle.

Sein Wirkungskreis beschränkte sich aber nicht auf den heimischen Fußball. Als österreichischer Delegierter war er an praktisch allen wichtigen Grundsatzentscheidungen der FIFA beteiligt, an der Einführung der Weltmeisterschaften genauso wie an der Konzeption des Vorgängers der Europameisterschaften, des Internationalen Cups für Nationalmannschaften. Meisl war nicht nur an der Seitenlinie ein gewiefter Taktiker. Weil er mehrere Sprachen beherrschte, saß er immer dann, wenn es für einen seiner Einfälle eng wurde, mit den entscheidenden Männern in den Hinterzimmern zusammen und umgarnte sie so lange, bis er seine

Pläne realisieren konnte. Sein Ehrgeiz war immer dann am größten, wenn der Widerstand am heftigsten ausfiel.

Als Verfechter des Profitums nach britischem Vorbild wetterte er auf dem Kongress 1930 gegen die Heuchelei des Weltverbandes, der einerseits am Amateurismus festhielt, andererseits aber nichts gegen die versteckten Zahlungen an Fußballer unternahm. Meisl prangerte außerdem das Gebaren der hohen Herren an, die sich mehr um ihr Erste-Klasse-Ticket im Schlafwagenabteil kümmerten als um die Weiterentwicklung des Fußballs. Der Vorstand der FIFA, schimpfte Meisl, sei ineffektiv und überbesetzt. Also wurde ein Zentralsekretariat installiert, mit einem Sekretär, der die Geschicke des Weltfußballs von Zürich aus steuern sollte. Doch als Meisl, für den der Posten wie gezimmert schien, eine Bewerbung hätte abgeben sollen, sagte er ab. Meisl halte sich zu Recht »im Sport für einen ersten Tenor«, schrieb der »Kicker«, dem man nicht zumuten könne, in einen Wettbewerb mit anderen Kandidaten einzutreten.

Meisl war zu einem der wichtigsten Vordenker des Fußballs geworden, er war eng befreundet mit Vittorio Pozzo und Herbert Chapman, dem britischen Trainer des FC Arsenal und Erfinder des auf Effizienz und Nüchternheit angelegten WM-Systems, bei dem die Spieler in Form eines W im Angriff und eines M in der Abwehr angeordnet waren. Ein Mann in seiner Position muss sich nicht mehr bewerben, er wird berufen.

Wäre Meisl ein guter Fußballer geworden, er wäre der Mann gewesen, der das Spiel aus dem Mittelfeld lenkt und die entscheidenden Pässe in den Sturm schlägt, ein begnadeter Regisseur auf dem Rasen, eine Diva auf dem Parkett. Doch Meisl fehlte das fußballerische Talent. Nach einer schweren Krankheit, die ihn mit Ende 40 fast ein Jahr lang außer Gefecht setzte, quoll er zu einer enormen Leibesfülle auf. Von da an waren ein Bowler und ein Spazierstock seine Markenzeichen. Er ernährte sich von Kaffee und Zigaretten, sein Wohnzimmer war das Ring-Café, eines der für Wien typischen Kaffeehäuser. Wo sich die Literaten trafen, um über Philosophie, Fußball, Politik und das, was alles miteinander verbindet, zu diskutieren, hielt auch Meisl Hof. Wie ein Meister seine Schüler scharte er die Wiener Sportpresse um sich und erklärte ihr seine Fußballwelt. Doch wehe dem, der ihn über Gebühr kritisierte! Den zeigte er schon mal wegen »Ehrenbeleidigung« an und zitierte ihn vor Gericht. Je erfolgreicher er wurde, umso heftiger wurden die Vorwürfe: Ämterhäufung, Interessenkonflikte – das waren die harmlosen. Profilierungssucht und intrigante Skrupellosigkeit die schweren. Der Mann mit der charismatischen Nase, der mit seinem Stock schon mal hinter Spielern herjagte, wenn sie seine taktischen Anweisungen nicht befolgten, war der Napoleon des kontinentaleuropäischen Fußballs.

In einem Brief an Herbert Chapman klagte er: »Ich bin für die gesamte Organisation und, unglücklicherweise, für die gesamte Arbeit in Österreich und den mitteleuropäischen Ländern zuständig.« Oft verbrachte er sogar seine Nächte im Verbandshaus des ÖFB. Als er im November 1931 50 Jahre alt wurde, kamen Glückwünsche aus der ganzen Welt, in Wien gab es eine große Feier zu Ehren dessen, »der in Österreich den Edelfußball großgezogen« hatte, wie es in der Laudatio hieß. Und die »Wiener Zeitung« verneigte sich: »Hugo Meisl ist eine der markantesten Persönlichkeiten des österreichischen und des internationalen Sportlebens. Der Fußballsport in Österreich verdankt Meisl seinen Aufstieg.«

Bei seiner Geburt standen die Voraussetzungen für eine solche Karriere eher schlecht. Meisl kam 1881 in Böhmen zur Welt, im tschechischen Teil des österreichisch-ungarischen Vielvölkerstaats. Sein Vater, ein jüdischer Kaufmann, hatte es zu bescheidenem Wohlstand gebracht und für seinen Sohn eine Karriere in der Bank vorgesehen. Mit zwölf Jahren schickte er ihn deshalb auf eine Handelsschule nach Wien. Meisls Biographie ist deshalb auch die eines jüdischen Einwanderers, der sein Leben lang mit den in Wien gepflegten antisemitischen Ressentiments zu kämpfen hatte. Für viele war Meisl kein Visionär, sondern derjenige, der die Stadt mit dem Virus ungehemmter Geschäftemacherei infiziert hatte. »Wir halten die Wirksamkeit des Hugo Meisl gewiss für ein Übel, und der Anlass seines Verschwindens wäre darum ganz gleichgültig – wenn er nur verschwände«, hetzte die »Arbeiterzeitung«. In einer Stadt, die mit Karl Lueger bereits 1897 einen bekennenden Antisemiten zum Bürgermeister gewählt hatte, begegnete man dem so erfolgreichen Juden mit größter Skepsis, auch wenn er entscheidend daran mitwirkte, den Fußball großzuziehen.

Schon früh war sein Leben an den Fußball verloren gewesen. Bald nach seinem Umzug nach Wien trudelten Briefe in der böhmischen Heimat ein, die davon erzählten, dass der kleine Hugo die Schule schwänze und stattdessen immer wieder beim Fußballspielen erwischt werde. Es seien bereits etliche Fensterscheiben zu Bruch gegangen. Zwischenzeitlich flog er deshalb sogar von der Schule und wurde nach Italien geschickt, was an seiner Leidenschaft nichts änderte, im Gegenteil. Wieder in Wien angelangt, legte er die Matura ab und landete 1906 tatsächlich bei der österreichischen Nationalbank. Er blieb dort 20 Jahre lang, unterbrochen nur durch den Ersten Weltkrieg, den er als Offizier im Krn-Gebirge verbrachte.

Weil sein fußballerisches Talent nicht ausreichte, tauschte Meisl schon früh sein Trikot, unter anderem das der Amateure, gegen ein Schiedsrichtergewand ein. Mit 23 Jahren pfiff er seine ersten Partien, was zu dieser Zeit nicht nur bedeutete, einen kaum zu bezähmenden Haufen um den Ball kämpfender Männer zu kontrollieren, sondern auch das Publikum in Schach zu halten. Allseits wurde Meisls Souveränität gelobt, selbst nach Spielen der Amateure, bei denen sein Bruder Willy im Tor stand, der sich später den Ruf einer Koryphäe des Sportjournalismus erschrieb. Meisl wurde für internationale Matches wie das Finale des Challenge-Cup, der Meisterschaft des K.u.k.-Reichs, zwischen MTK Budapest und Slavia Prag eingesetzt. Bereits mit 26 Jahren leitete er sein erstes Länderspiel zwischen den Städteauswahlmannschaften Wiens und Budapests. Es blieb aber nicht nur der Premiere Meisls wegen in Erinnerung. Während der Partie sprang der ungarische Trainer auf dem Tribünendach des Rapidstadions auf und ab, er versuchte, seine Mannschaft mit Hilfe eines Sprachrohrs zu dirigieren – und fiel im Angesicht der drohenden Niederlage kurz vor Schluss vom Dach. Auch dieser Einsatz nützte nichts, die Ungarn verloren 1:3, doch sogar die Besiegten hatten an der Leistung Meisls nichts auszusetzen.

Über die Jahre erarbeitete sich Meisl einen exzellenten Ruf, er wurde Vorsitzender des österreichischen Schiedsrichter-Ausschusses und übernahm immer mehr Funktionärsaufgaben. Wie groß sein Renommee auch international war, zeigte sich bei einem Länderspiel im Mai 1923. Schweden trat gegen England an, und Meisl war als Schiedsrichter angesetzt. Denn an diesem Tag brauchte es den bestmöglichen Spielleiter, das Spiel war von höchster Brisanz. Drei Jahre zuvor hatte England den Austritt aus der FIFA erklärt, weil einige Länder den Boykott gegen die Kriegsverlierer Österreich, Deutschland und Ungarn nicht hatten mittragen wollen. So löste Meisls Ansetzung herben Protest aus. England kehrte zurück auf die internationale Fußballbühne, und ausgerechnet ein Österreicher sollte dieses Spiel leiten? Doch Geoffrey Foster von den

»London Corinthians« verteidigte ihn mit den Worten: »Meisls Auffassung ist in vielen Punkten englischer als die vieler Engländer.« In Stockholm führte Meisl die beiden Mannschaften aufs Feld – und England damit zurück in die Fußballfamilie, wenn auch nur für vier Jahre. Danach verabschiedete sich die Nation wieder in eine selbstverhängte Isolation.

Meisls Karriere bei der Bank war das alles aber nicht förderlich. Selbst wenn er dort am Schreibtisch saß, war er mit dem Kopf meistens auf dem Fußballplatz, und wenn er eine Auswahlmannschaft durch Europa begleitete, ließ er sich eben krankschreiben, wenn es sein musste, auch für ein paar Wochen. Er sei »unter ständiger Anleitung verwendbar«, stand in seiner Personalakte, und »durch anderweitige Interessen stark abgelenkt«. Mit gerade einmal 43 Jahren wurde er im April 1925 pensioniert, auf dem Höhepunkt einer das Land lähmenden Wirtschaftskrise.

Für seine Frau, die beiden Töchter und den Sohn war das ein schwerer Schlag. Die Familie lebte ohnehin nicht im Luxus, Meisls Gehalt reichte nur für eine enge Wohnung im Karl-Marx-Hof, einer Sozialbausiedlung. Zunehmend litt seine Ehefrau darunter, dass sie sich um die Kinder zu kümmern hatte und nur gefragt war, wenn sich ihr Mann als Patriarch stilisierte. Für eine Zeitungsrubrik mit dem Titel »Berühmte Sportleute – zu Hause« ließ er sich im Kreis der Lieben fotografieren: er ganz rechts auf einem Sessel mit einem Buch in den Händen, links daneben die kleinen Kinder und seine Gattin mit einem Blick wie ein Hilfeschrei. Darunter stand: »Aus dem Umstand, dass es uns gelungen ist, Hugo Meisl tatsächlich einmal zu Hause anzutreffen, mag man den Grad unserer journalistischen Fixigkeit ersehen.« Wenn man genau hinsieht, kann man auf dem Foto allerdings vor allem das große Unglück von Frau Meisl erkennen. Es ging für sie erst 1934 zu Ende, nachdem die beiden sich scheiden ließen, weil ihr Mann sich in eine junge Sportjournalistin verliebt hatte.

Für Meisl selbst war das vorgezogene Ende seiner beruflichen Laufbahn eine willkommene Erleichterung. Endlich konnte er sein Hobby zum Beruf machen. Nach dem Ersten Weltkrieg war aus dem elitären Sport der Aristokratie endgültig das Spiel der Massen geworden. 300 000 Wiener waren an den Wochenenden unterwegs, die Vereine mussten sich zwangsläufig professionalisieren. Die Klubs bauten Stadien, für die sie kein Geld hatten, und holten Spieler, die sie sich eigentlich nicht leisten konnten – obwohl Gehälter noch verboten waren, konnten die Verantwortlichen die guten Spieler nicht verpflichten, wenn sie nicht mit finanziellen Anreizen lockten. Die gute Tradition österreichischer Vereine, sich in einem absurden Wettbieten kaputt zu rüsten, gehört offensichtlich zu den konstituierenden Prinzipien des Alpenfußballs.

Überforderte Funktionäre, Klubs am Rande des Ruins, versteckt bezahlte Profis – so konnte es nicht weitergehen. Meisl führte die Gruppe der Befürworter einer Profiliga an. Dabei war auch er gegen die Einführung des Profispielers: »Wie glücklich wären wir alle, wenn die Fußballer aller Klassen in einem ernsten Berufe stünden, Fußball nur zum Vergnügen betrieben«, schrieb er in einem Artikel für eine Zeitung. Doch die Vereine müssten das Geld den Spielern in die Taschen stopfen, anstatt es, wie etwa in England, zur Verbesserung der Sportplätze zu verwenden, klagte Meisl. Mit ihm an der Spitze wurde eine Kommission gegründet, die das Statut für die erste Profiliga auf dem Kontinent erarbeitete. Im September 1924 ging es los, mit elf Mannschaften in der ersten und zwölf Teams in der zweiten Spielklasse, alle kamen aus der Hauptstadt. Erster Profi-Meister wurde die Hakoah.

Doch die Profiliga spaltete die Stadt in zwei Lager. Das

eine bestand aus den Vereinen, denen es nur darum ging, in einem schönen Stadion erfolgreichen Fußball zu spielen. Das andere aus denjenigen, die sich Idealen wie Gleichheit und Solidarität verpflichtet fühlten. Spielern Geld zu zahlen und einem Publikum, das zunehmend gewalttätig wurde, damit einen vom Kapitalismus entstellten Zirkus vorzuführen – das war ein schweres Vergehen gegen ihre Arbeiterethik. Der Streit führte später sogar zur Gründung eines arbeiterdominierten Konkurrenzverbandes, der beinahe auch den ÖFB übernommen hätte. Doch wie so oft gelang es dem einnehmenden Meisl auch hier, die Kluft zwischen zwei an sich verfeindeten Parteien zu schließen. Gegen das größte Problem war aber auch er machtlos. Die Profiliga hatte die finanzielle Situation vieler Vereine nicht gelöst, sondern weiter verschärft. Nach der ersten Saison standen nur vier Vereine gut da: Meister Hakoah, die Amateure, Rapid und die Vienna. Alle anderen darbten, und dafür waren nicht nur die Ausgaben für den laufenden Betrieb verantwortlich.

Die vom sozialdemokratisch regierten Wien eingeführte »Lustbarkeitssteuer« drückte zusätzlich aufs Budget. Die Stadt finanzierte Sozialleistungen wie den Wohnungsbau (auch der Karl-Marx-Hof, in dem die Meisls lebten, war so entstanden) unter anderem dadurch, dass sie Steuern auf Vergnügungen jeder Art erhob, und Fußballspiele waren nach Überzeugung der Politik schon längst keine sportlichen Veranstaltungen mehr. Für viele Klubs spitzte sich die finanzielle Lage deshalb dramatisch zu, die Stadt schreckte auch vor Pfändungen nicht zurück. Es musste etwas passieren. Im Oktober 1926 fand deshalb die erste Konferenz zur Einführung eines Mitteleuropäischen Cups für Vereinsmannschaften statt. Vertreter Italiens, der Tschechoslowakei, Österreichs und Ungarns trafen sich in Venedig, beschlossen die Austragung eines Cups für Vereinsmannschaften und entwickelten dabei auch gleich die Idee des Internationalen Cups für Nationalmannschaften. Zum ersten Geschäftsführer des Wettbewerbs wurde Hugo Meisl bestimmt. Die Hoffnung war, dass durch die attraktiven internationalen Begegnungen wieder mehr Zuschauer ins Stadion kämen und die Vereine dadurch mehr Geld verdienten. Denn schon ein Jahr nach der Gründung der Profiligen hatte sich bereits eine gewisse Sattheit ausgebreitet – der Wiener wollte schließlich etwas erleben für sein Geld.

Auf Meisls Schreibtisch wurden die Regeln des Cups ausgearbeitet, benannt nach der Eisenbahngesellschaft »Mitropa«, die die Mannschaften von Spielort zu Spielort fuhr. Qualifiziert waren jeweils der Landesmeister und ein weiterer Starter. Die Teilnehmerländer im ersten Jahr waren Österreich, Ungarn und die Tschechoslowakei. Die Italiener kamen erst im dritten Jahr dazu. Der Deutsche Fußball-Bund weigerte sich dagegen kategorisch, seine Mannschaften für den Cup zu melden. Die Deutschen fühlten sich den Idealen des Amateursports verpflichtet und hatten deshalb über die Länder, die die Erlaubnis für eine Profiliga erteilt hatten, einen Boykott verhängt.

Mit dem Start des Cups erfüllte sich für den 44-jährigen Meisl ein Lebenstraum. Schon 1918 hatte er, gerade aus dem Ersten Weltkrieg zurückgekehrt, geschrieben: »Wir und auch die Sportsleute des Auslands haben den Krieg nie gewollt. Dies darf man ruhig erklären. Deshalb wird dem Sport auch beim Wiederaufbau des internationalen Verkehrs, bei der Wiedererwerbung des internationalen Gefühls eine große Aufgabe zufallen. (...) Er wird zur Wiederherstellung der früheren guten Beziehungen beitragen, und wir müssen trachten, dass neben der Internationale der Sozialdemokratie, neben der Wissenschaft und der des Kapitals eine Internationale des Sports entsteht.« Fußball als Diplomatie mit sportlichen Mitteln, um die einander verfeindeten Länder wieder zusammenzuführen, für Meisl hatte Fußball immer auch diese politische Dimension. Schon früh hatte er damit begonnen, ausländische Teams nach Wien einzuladen und wegen seiner vielen internationalen Kontakte österreichische Mannschaften ins Ausland zu vermitteln. In erster Linie, um den Vereinen Einnahmequellen und Anschauungsunterricht zu verschaffen, aber eben auch, um den kulturellen Austausch zu pflegen.

Der Wettbewerb wurde sofort ein großer Erfolg. Die Stadien füllten sich genauso wie die Kassen der Vereine. Die Zuschauer ergingen sich in nationalen Begeisterungsschüben, die sich immer wieder aufs Spielfeld übertrugen. Sehr zum Missfallen neutraler Beobachter wie des Herausgebers des »Kicker«, Walter Bensemann, der nach den Finalspielen der ersten Saison zwischen Rapid und Sparta Prag auf der Hohen Warte voller Entsetzen vom »Terror einer fanatisch erregten, sportlich undisziplinierten Menge« schrieb. Sparta Prag gewann zwar den Titel, konnte das Stadion nach dem Rückspiel in Wien aber nur unter Polizeischutz verlassen. Der Prager Kapitän Káďa war vorher von einem Stein aus dem Publikum getroffen worden. Der tschechoslowakische Verband brach danach die Beziehungen zu Wien vorübergehend ab. Immer wieder gab es in den kommenden Jahren heftige Auseinandersetzungen, die bis zum Boykott des Wettbewerbs führten. Friedrich Torberg fasste das später so zusammen: »Was ein richtiges Mitropa-Cup-Spiel war, wurde auf der Botschaft zu Ende gespielt.« Insgesamt viermal blieb der Pokal, ein silberner Kelch mit der Aufschrift »Coupe de l'Europe Centrale«, in Österreich.

Bis zum Anschluss Österreichs an Deutschland 1938 war der Mitropa-Cup der wichtigste Wettbewerb Kontinentaleuropas. Heute gilt er als Vorläufer der Champions League, deren Grundzüge Meisl schon damals im Kopf hatte. Er träumte von Spielrunden im Herbst und im Frühjahr und davon, dass vier und mehr Vereine pro Land an dem Wettbewerb würden teilnehmen können. Nach dem Zweiten Weltkrieg übernahm die UEFA die Regie im europäischen Fußball. Zeitgleich mit der Wiederauflage des Mitropa-Cups, an dem die Landesmeister aus Österreich, Ungarn, Jugoslawien und Italien teilnahmen, wurde 1955 der Europapokal der Landesmeister aus der Taufe gehoben. Die Wiener Funktionäre aber hielten stur an dem Wettbewerb fest, der dem österreichischen Fußball so große Erfolge beschert hatte; auch dann noch, als der Cup der Bahngesellschaft längst auf dem Abstellgleis gelandet war. Die großen Fußballnationen zogen sich immer weiter zurück, Kaliber wie Tatabanya Banyasz und Vojvodina Novi Sad gewannen den Titel. Über die Jahrzehnte verkümmerte der Cup. Um ihn zu retten, beschlossen die Veranstalter 1980 in einem letzten, verzweifelten Akt, die Meister der zweiten Ligen teilnehmen zu lassen. Erst 1992 wurde er endgültig eingestellt.

Der Mitropa-Cup hatte Meisl europaweit zu einem gefeierten Mann gemacht. Das änderte allerdings nichts daran, dass er sich zu Hause in Wien weiter mit seinen Gegnern herumschlagen musste, was auch an seinem Amt als Verbandskapitän der Nationalmannschaft lag, der die Spieler nominierte und das Team aufstellte. Wenig brachte ihm so viel Ärger ein wie seine Arbeit mit dem Nationalteam, bei dem doch jeder Wiener am besten wusste, wer in die erste Elf gehört und wie sie zu spielen hat. Anders als heute, wo ein österreichischer Nationaltrainer froh um jeden ist, den er in den Kader berufen kann, konnte Meisl auf eine solche Fülle an guten Spielern zurückgreifen, dass es für jede Position drei, vier gleichwertige Bewerber gab. Da versteht es sich von selbst, dass es auch für den Posten des Verbandskapitäns unzählige geeignete Kandidaten gab, ganz besonders in der Wiener Sportpresse.

Meisls Trainerkarriere des Nationalteams begann bei den Olympischen Spielen 1912. Vorher war, wie auch in anderen Ländern üblich, ein Komitee für die Berufung der Nationalspieler zuständig gewesen. Darin waren die Vertreter der Wiener Vereine versammelt, und es braucht nicht viel Phantasie, um sich die Ineffizienz dieses Systems auszumalen. Der eine versuchte, seine Spieler in die Mannschaft zu hieven, um das eigene Ansehen zu fördern, der andere wollte seine Männer vor einer Nominierung bewahren, um sie für die Vereinsspiele zu schonen. Das spielerische Niveau der Mannschaft entsprach zwangsläufig dem der keifenden Funktionäre.

Vor den Spielen von Stockholm erreichte Meisl, dass ihm die Verantwortung für Auswahl und Vorbereitung des Teams übertragen wurde, offiziell war er als »Reisebegleiter« mit an Bord. Es war der Grundstein für alle späteren Erfolge. Denn Meisl verpflichtete vor diesem Turnier einen Mann, mit dem er systematisch die Wiener Spielkunst mit britischer Effizienz verwob: James »Jimmy« Hogan, ein Engländer, der selbst als Profi in England gespielt und schon mit 28 in den Niederlanden als Trainer gearbeitet hatte. Gemeinsam entwickelten sie moderne Trainingsprogramme und ein neues taktisches System, Meisl schickte Hogan zu den wichtigsten Wiener Vereinen, um die Nationalspieler nach den neuen Methoden auszubilden. Stockholm kam für die Revolutionäre aber noch zu früh: Österreich gewann zwar das erste Spiel gegen Deutschland mit 5:1, erreichte dann aber nur die Trostrunde und verlor dort das Finale gegen Ungarn mit 0:3. Trotzdem wurde Meisl ein Jahr später ganz offiziell zum Verbandskapitän ernannt, mit nur 31 Jahren. Hogan kehrte zurück nach England. Ein Jahr später bewarb er sich beim deutschen

Fußballverband, der vor einer Verpflichtung aber erst einmal Hugo Meisl nach seinen Erfahrungen mit Hogan befragen wollte. Meisl, der dadurch von Hogans Plänen überhaupt erst erfuhr, setzte sich mit ihm in Verbindung und holte Hogan zurück nach Wien. Dort übernahm er das Training der Vienna und der Amateure.

Gemeinsam revolutionierten der drahtige Hogan und der rundliche Meisl das österreichische Spiel. Der Brite war Anhänger des schottischen Stils, bei dem der Ball über kurze, schnelle Pässe nach vorn getragen wurde. Die Spieler mussten sich ständig in Position bringen, um anspielbar zu sein. Die beiden erarbeiteten ein Trainingsprogramm, das die individuellen Anforderungen der Spieler berücksichtigte. Hugo Meisl selbst beschrieb in einem Beitrag für den »Sport-Montag« seine Philosophie so: »Der Trainer muss den Blick dafür haben, wie er jeden einzelnen Spieler zu behandeln hat, um seine Kondition zu fördern. Sollen die Leute gern trainieren, so darf der Trainer die Übungen nicht mechanisieren, er muss sie abwechslungsreich gestalten.« Meisl blickte bei der Betreuung der Fußballer aber auch über den Spielfeldrand hinaus. »Trotzdem die Ehe für den Berufsfußballer sich als vorteilhaft erweist, muss der Trainer darauf Einfluss nehmen, dass die jungen Burschen in der Zeit ihrer sportlichen Entwicklung sich nicht frühzeitig in die Netze der holden Weiblichkeit verstricken.« Meisl sprach da aus eigener Erfahrung.

Hogan und Meisl, der selbst eine Zeit lang bei den Amateuren als Trainer gearbeitet hatte, ließen die Mannschaften im damals modernen 2-3-5-System der Schotten spielen. Mit überragendem Erfolg. »Heute wird es niemand mehr leugnen, dass es eine ausgesprochene Wiener Schule gibt, die, auf hohes technisches Können sich stützend, spielerisch elegant Terrain gewinnt und ausgesprochen offensiv mit allen fünf Stürmern zusammen, möglichst mit

Einbeziehung der Deckung, vor allem des Mittelläufers, operiert«, schrieb Meisl 1932 auf dem Höhepunkt seines Erfolgs – als Architekt des Wunderteams.

Als Trainer wie als Funktionär war es Meisls größtes Talent, seinen Widersachern immer einen Schritt voraus zu sein. Und sein Tod kam, bevor er die Zerstörung seiner Arbeit miterleben musste. Im Februar 1937 blieb das Herz des 56-Jährigen einfach stehen, als er am Schreibtisch im ÖFB-Verbandshaus mit einem Spieler der Vienna sprach, den er in die Nationalauswahl hatte berufen wollen. Ein Jahr später marschierten die Nationalsozialisten unter dem Jubel vieler Österreicher in Wien ein. Was Meisl in Jahrzehnten aufgebaut hatte, wurde in Monaten kaputt gemacht. Die Profiliga wurde abgeschafft und der Mitropa-Cup nicht mehr zu Ende gespielt, denn beides war für Hitlerdeutschland weniger Ausdruck der fußballerischen Moderne als vielmehr Ausgeburt jüdischer Geschäftemacherei. Meisl blieb es erspart, sich auch noch mit diesem Gegner anlegen zu müssen. Alle großen Zeitungen Europas druckten in den Tagen nach seinem Tod Nachrufe auf den großen Visionär, und wann immer eine Fußballmannschaft in den Folgemonaten nach Wien kam, legte sie auf dem Wiener Zentralfriedhof einen Kranz nieder. Das inzwischen verwelkte Grab war lange Zeit eine Pilgerstätte des Weltfußballs.

Wenig erinnert in Wien heute noch an den großen Visionär. Kein Stadion ist ihm gewidmet und kein Ehrenplatz, nur eine kleine Gasse in Favoriten, eingeklemmt zwischen Autobahn und Naherholungsgebiet, ist nach ihm benannt. Im Februar 2007 haben Meisls Enkel Wolfgang und Andreas Hafer, zwei Historiker aus Frankfurt, wenigstens ein literarisches Denkmal geschaffen: Sie veröffentlichten eine fast 400 Seiten starke Biographie. Für Wolfgang Hafer ist die verwelkte Erinnerung an ihren Großvater ein typisches

Beispiel für den Umgang Österreichs mit der eigenen Geschichte. »Juden werden nur so lange respektiert, wie man sich mit ihren Erfolgen schmücken kann«, sagt er. »Nach dem Krieg hat sich sogar die Legende verbreitet, dass die Journalisten Hugo Meisl das Wunderteam abtrotzen mussten. Im Nachkriegsösterreich wollte man mit Juden nichts mehr zu tun haben. Sie erinnerten einen unangenehm an die eigene Täterschaft – oder zumindest an die Mitläuferschaft.«

So ist die Geschichte des Hugo Meisl die eines Mannes, der den Österreichern zwar vor dem Zweiten Weltkrieg zu fußballerischem Weltruhm verholfen hat. Sie zeigt aber auch die Unfähigkeit der Nachkriegsgenerationen, den eigenen Beitrag zum Nationalsozialismus aufzuarbeiten. Als nach dem Krieg die so genannte Zweite Republik ausgerufen wurde, übernahmen ihre Gründungsväter die Formulierung aus der »Moskauer Deklaration«, wonach das Land das »erste Opfer des Nationalsozialismus« gewesen sei. Jahrzehntelang stritt die Nation anschließend darüber, ob viele Landsleute vielleicht nicht doch die ersten Unterstützer gewesen waren. Mit dem Nachlass des Hugo Meisl ging sie deshalb um wie mit dem Vermögen eines ungeliebten Großvaters: Als sein Erbe verjubelt war, wurde er einfach vergessen.

Matthias Sindelar – Das eigentliche Wunder im österreichischen Team

Die österreichische Geschichte ist nicht reich an Helden des antifaschistischen Widerstands. Es war im Herbst 2003 deshalb keine Überraschung, dass ein einziger Artikel in der kleinen jüdischen Zeitschrift »Nu« ausreichte, um eine Diskussion loszutreten, die zu einem wochenlangen Streit um das Ansehen eines ihrer größten Helden führte. Unter der Überschrift »Parteigenosse Sindelar« erhob Peter Menasse, Herausgeber des Magazins, den Vorwurf, dass sich der größte Fußballer, den Österreich jemals hervorgebracht hat, einer irdischen Sünde schuldig gemacht hat: Matthias Sindelar, legendärer Stürmer der Austria und Kapitän des Wunderteams, soll zum Ende seiner Karriere mit den Nationalsozialisten paktiert haben, um sich den Ruhestand versüßen zu lassen.

»Ich habe danach viele Leute getroffen, die mich gefragt haben: Hast du uns den Sindelar als antifaschistischen Helden wegnehmen müssen?«, erzählt Menasse. Der Mitinhaber einer Wiener PR-Agentur, der das Magazin viermal im Jahr produziert, findet, dass er keine andere Wahl hatte. Viele Österreicher waren da anderer Meinung. Denn seine Version der Geschichte drohte den Mythos von einem Mann zu zerstören, der nicht nur mit seinen Toren das Land an die Weltspitze geschossen hatte, sondern auch als eines der leuchtenden Beispiele des Widerstands gegen die Nationalsozialisten galt. Die wochenlange Debatte um Sindelar hat vor allem eines gezeigt: Man kann in Österreich nicht einfach behaupten, es sei nicht so gewesen, wie es sich Generationen seit Jahrzehnten erzählen – auch dann nicht, wenn man damit recht haben könnte.

In Matthias Sindelars Lebensgeschichte stecken zwei identitätsstiftende Elemente der österreichischen Geschichte. Um zu begreifen, welche das sind und wie sie miteinander zusammenhängen, muss man verstehen, wie aus dem Sohn eines armen Maurers der größte Fußballstar des Landes werden konnte.

Sindelar wurde im Februar 1903 in einem mährischen Dorf geboren, im Hinterland des riesigen Habsburgreichs. Wie viele Böhmen sah der Vater die einzige Chance auf ein erträgliches Leben im Umzug in die Hauptstadt. Die Familie landete in Favoriten, einem der typischen Arbeiterviertel Wiens, in dem die Schlote der Ziegelfabriken in den Himmel wuchsen. Doch auch der Ortswechsel änderte wenig an der Armut der Familie, und die Situation verschärfte sich weiter, als der Vater aus dem Ersten Weltkrieg nicht zurückkehrte. Der »Ziegelbehm« Sindelar wuchs auf in der bitteren Not der Arbeiterklasse, in einer Republik, die nach Kriegsende entstanden war, indem der französische Präsident Georges Clemenceau bei der Neuordnung Europas den historischen Satz gesprochen hatte: »Der Rest ist Österreich.«

Sindelar absolvierte eine Ausbildung zum Schlosser, wurde aber bald arbeitslos. Sein Glück lag auf der Straße. In den Gassen Favoritens trat er gegen ein aus Stoffresten zusammengenähtes, einigermaßen rundes Etwas und narrte seine Gegner. Er hatte keine andere Wahl, mit seinem mageren, unterernährten Körper konnte er sich robusterer Gegner nur erwehren, wenn er sie umkurvte. Seine erstaunliche Virtuosität wurde bald von einem Trainer der Hertha entdeckt, einem Verein aus dem Arbeiterviertel.

Als der Klub in finanzielle Schwierigkeiten geriet, wurde Sindelar 1924 an die Austria verkauft und blieb ihr bis zum Karriereende treu. Dort reifte er im Windschatten der von

Hugo Meisl nach Wien gelotsten Topstars aus Ungarn zu einem der besten Stürmer der Stadt heran. Sein Spiel war so trickreich wie humorvoll, er ließ den Ball zwei-, dreimal auf dem Kopf mit den strähnigen blonden Haaren tanzen, bevor er aufs Tor schoss, und schlug verwegene Haken, die die Verteidiger zur Raserei trieben. Die Wiener gingen ins Stadion, nur um ihn zu sehen, und schwärmten später in den Kaffeehäusern von seiner Artistik, als seien sie im Tanztheater gewesen. Er war der »Papierene«, weil er so leicht wirkte. Der Eindruck von Zerbrechlichkeit wurde durch eine Bandage am rechten Knie noch verstärkt, die er tragen musste, nachdem er sich in einem Freibad schwer am Meniskus verletzte hatte. Sie wurde zu seinem Markenzeichen.

Wenn die Wiener ihn bejubelten, feierten sie auch sich selbst. Sein Spiel stand für die kunstvolle Heiterkeit, den Schmäh, auf den die Stadt so stolz war und der in Zeiten der immer größer werdenden wirtschaftlichen und sozialen Probleme zunehmend verschwand. Der Verfall nahm immer drastischere Ausmaße an, das Land war abgeschnitten von den wichtigen Absatzgebieten der alten K. u. k.-Monarchie, die Arbeitslosigkeit erreichte Rekordwerte von 38 Prozent. Am Verlauf von Sindelars Karriere richtete sich die Stadt wieder etwas auf, er war der Beweis, dass es einen Ausweg aus dem Elend gab.

Die Stadt erhob ihn nach allen Regeln der medialen Kunst zum größten Star des kontinentaleuropäischen Fußballs. Der scheue und introvertierte Kicker, der Schwierigkeiten mit Frauen hatte und bis zu seinem Tod bei seiner Mutter lebte, warb für Joghurt und für edle Uhren (»Sindelar, der beste Spieler der Welt, ist glücklicher Besitzer der wertvollen Alpina-Gruen-Pentagon-Uhr«), er spielte sogar die Hauptrolle im Film »Roxy und ihr Wunderteam«. Der Titel war eine Verneigung vor seinem größten Erfolg, denn

Sindelar war die eigentliche Sensation in der von Meisl betreuten österreichischen Mannschaft, die in den dreißiger Jahren als Wunderteam durch die Welt reiste und deren Ära mit einer sportlichen Katastrophe begonnen hatte.

An einem kalten Januartag im Jahr 1929, der Rasen in Nürnberg war schneebedeckt, trat eine von Meisl betreute Wiener Stadtmannschaft gegen eine Auswahl Süddeutschlands an. Das Spiel war ein Sportpolitikum, denn es war die erste deutsch-österreichische Partie seit Einführung des Professionalismus. Die aufmüpfigen Deutschen setzten damit sogar ihr Verhältnis zum DFB aufs Spiel, der streng gegen Profifußball war.

Die Wiener kamen mit 0:5 unter die Räder. Verbandskapitän Meisl, dessen Ehrgeiz so groß war wie seine Eitelkeit, war außer sich vor Wut: Seine Spieler, die zu den besten in Europa gehören, verlieren gegen eine Mannschaft aus einem Land, das sich gegen das Profitum sperrt und damit die Entwicklung des Fußballs blockiert! Die Schuldigen waren schnell gefunden. Matthias Sindelar und sein Angriffspartner Fritz Gschweidl von der Vienna wollten trotz des gefrorenen Bodens nicht von ihrem Scheiberlspiel lassen. Meisl machte seinen Stürmern schwere Vorwürfe, die Sindelar nicht weiter beeindruckten. »Weißt, Fritz, warum's heut net g'laufen is? Weil wir zu wenig gscheiberlt hab'n«, soll er auf der Rückfahrt nach Wien gesagt haben. Auf diesen zwei Sätzen, die später in jeder Hymne auf Sindelar zitiert wurden, baut letzlich der Mythos vom Wunderteam auf, denn sie hatten Konsequenzen. Meisl wusste, dass er aus einem schier unerschöpflichen Reservoir an erstklassigen Spielern schöpfen konnte. Als er in Wien aus dem Zug stieg, schwor er sich: »Nie mehr Sindelar und Gschweidl in einem Team!« Und das bedeutete vor allem: nie mehr Sindelar. Nur noch ein einziges Mal wurde er in den kommenden zwei Jahren einberufen.

Im Mai 1931 jedoch stand Meisl wieder einmal unter Beschuss der Sportpresse, denn in den Länderspielen gegen Italien (eine bittere 1:2-Niederlage), die Tschechoslowakei (ein mühsames 2:1) und Ungarn (ein fürchterliches 0:0) hatte Meisl mehrere Sturmvarianten ausprobiert, die allesamt nicht die nötige Durchschlagskraft entwickelt hatten. Vor dem Spiel gegen Schottland, die Erfinder des Kurzpassspiels, die noch nie ein Match auf dem Kontinent verloren hatten, forderte die Presse deshalb, Meisl solle die bestmögliche Mannschaft nominieren – oder bittschön seine Melone nehmen und gehen.

Meisl gab daraufhin die kürzeste Pressekonferenz, die je ein Nationaltrainer abgehalten hat. Er ließ sich im Taxi in sein Ring-Café fahren, marschierte schnurstracks zu den dort wartenden Journalisten, den »Schmieranskis«, und schmiss ihnen einen Zettel hin mit den Worten »Da habt's euer Schmieranski-Team!« Dann verließ er stechenden Schrittes das Lokal und brauste wieder davon. Die Meute bekam, was sie so vehement gefordert hatte: eine Mannschaft mit dem Sturmgespann Sindelar und Gschweidl. Allerdings, und das war Meisls taktischer Kniff, mit neuen Rollen. Sindelar gab den Sturmführer, der mit Gschweidl die Vorarbeit für den bulligen Vollstrecker Schall leisten sollte, so wie die beiden Flügelspieler Zischek und Vogel, zwei blutjunge Neulinge. Es war die Vollendung dessen, was sich Hogan und Meisl 20 Jahre vorher überlegt hatten, es war die Synthese zweier Spielstile: bis zum Strafraum wienerisch, vor dem Tor britisch.

Der Triumphzug beginnt am 16. Mai 1931. Auf der Hohen Warte besiegt Österreich die Schotten mit 5:0, es ist, neben einem Spiel gegen England im März 1888 mit demselben Ergebnis, die schlimmste Niederlage, die bis dahin eine schottische Mannschaft hat hinnehmen müssen. Die Torschützen sind zweimal Zischek, je einmal Schall, Vogel und – Matthias Sindelar. Die begeisterten Fans tragen die Spieler anschließend vom Platz, die Zeitungen drucken Jubelhymnen – selbstverständlich nicht, ohne darauf hinzuweisen, dass sie es ja schon immer gewusst haben. »Wir haben endlich einen Angriff gefunden. Eine Feststellung, die eigentlich mehr verstimmen als erfreuen könnte. Denn dieser Angriff stand schon seit einiger Zeit zur Verfügung – man hat immer wieder darüber hinweggesehen.« Eine Woche später folgt das Spiel in Berlin, das Österreich mit 6:0 gewinnt.

In insgesamt 14 Spielen bleibt die Mannschaft anschließend ohne Niederlage, sie reist nach Frankreich und wird als »Le Wunderteam« gepriesen, sie schlägt den großen Rivalen Ungarn, erzielt insgesamt 55 Tore und wird sogar inoffizieller Europameister. Doch es ist Teil der österreichischen Tragik, dass der Titel zum Wertlosesten gehört, was der Weltfußball jemals zu vergeben hatte. Der von Meisl mitinitiierte Internationale Cup für Nationalmannschaften war eine Meisterschaft, die über einen Zeitraum von zwei bis drei Jahren unter den Nationalmannschaften Italiens, Ungarns, der Tschechoslowakei und Österreichs ausgespielt wurde. Doch dem Wettbewerb mangelte es an allem, was ihn mit Bedeutung aufladen hätte können: die Atmosphäre eines Turniers, die verdichtete Dramatik einer K.-o.-Runde, ein ordentliches Endspiel, das in die feierliche Überreichung eines Pokals mündet. Im Oktober 1932 gewann Österreich 3:1 gegen die Schweiz und sicherte sich damit den ersten Tabellenplatz. Schon damals aber taten sich die Österreicher schwer damit, sich über den Titel zu freuen. Nach dem Schlusspfiff schickten sie ihre Mannschaft mit Pfiffen und Schmähungen in die Kabine. Dass die gegen die Schweiz nur drei Tore schoss, war für die 55 000 Zuschauer kein Erfolg – es war eine Beleidigung. Sie konnten nicht wissen, dass es der einzige Titel bleiben würde, den bis heute eine österreichische Mannschaft gewinnen sollte.

Dann kommt der 7. Dezember 1932. Es ist der Tag, der Matthias Sindelar und seine Mannschaft endgültig zur Legende macht. Es ist einer der größten Momente des österreichischen Fußballs überhaupt und das Datum, an dem sich die geschundene österreichische Seele wieder aufrichtet. Wenn Österreich in der Weltpolitik auch keine Rolle mehr spielen mag – auf dem Fußballplatz steigt das Land an diesem kalten Wintertag dank Sindelar endgültig in den Kreis der größten Nationen auf. Die von Herbert Chapman trainierten Engländer, die in ihrer »splendid isolation« nur den besten Teams erlauben, ihre Fußballschuhe auf die Insel zu setzen, empfangen Meisls Mannschaft. Zum ersten Mal darf eine österreichische Mannschaft auf der Insel antreten, als erst drittes Team vom Kontinent, dem diese Ehre zuteil wird.

Das ganze Land blickt an diesem Tag nach London, vielmehr: Es hört hin. In Wien versammeln sich Tausende auf dem Heldenplatz, um dem Live-Bericht zu folgen, der per Unterseekabel nach Hause geschickt wird. Das Parlament unterbricht seine Debatten, Firmen lassen die Arbeit ruhen. Jeder will Ohrenzeuge sein, als Hugo Meisl auf seinen Freund Herbert Chapman trifft und das Wunderteam mit dem Fünf-Mann-Sturm gegen eine englische Mannschaft im WM-System antritt, das vor allem auf die Torverhinderung ausgerichtet ist. Als sich Wiener Kreativität mit britischer Effektivität misst. Kurz: Als es um die Weltherrschaft im Fußball geht – und für Matthias Sindelar um die Frage, ob er auch auf der größten Bühne so kunstvoll scheiberln kann.

In einem grandiosen Spiel erleben die 60 000 Zuschauer an der Stamford Bridge einen hinreißenden Sindelar. Er verzaubert das Publikum mit Kunststücken, die im Repertoire der Engländer nicht existieren. Er setzt seine Mitspieler in Szene, erzielt selbst ein Tor und kann doch nicht verhindern, dass die Österreicher mit 3:4 verlieren. Zwei frühe Gegentore in der ersten Halbzeit stellen sich für Österreich als zu hohe Hürde heraus. Auf das 4:2 der Engländer in der 82. Minute können sie noch einmal reagieren, drei Minuten vor Schluss fällt der Anschlusstreffer. Viele Beobachter sind sich einig: Hätte das Spiel nur etwas länger gedauert, die Österreicher hätten zumindest ausgeglichen.

Trotzdem geht das Spiel als ruhmreichster Triumph einer österreichischen Mannschaft in die Geschichte ein. Die englischen Zeitungen schwärmen von »den größten Spielern der Welt«, vom Sturm, der »eine Offenbarung« gewesen sei, und der englische Trainer Herbert Chapman stellt Österreich auf eine Stufe mit England. Die Vormachtstellung des britischen Fußballs ist gebrochen.

In den Chroniken wird das Spiel als »3:4-Sieg« geführt, als sei das Ergebnis keine Niederlage, sondern ein Irrtum der Geschichte. Doch die Wahrheit ist: Mit diesem Spiel wird der Gencode für den österreichischen Fußball angelegt. So gut eine Mannschaft in den Farben Österreichs auch spielen mag, so günstig die Voraussetzungen für einen historischen Sieg auch sind, seine größten Momente erlebt er im Scheitern. Das Land entwickelt sein Faible für den moralischen Sieg statt für den wirklichen.

Nach dem Spiel in London nimmt die Spielstärke des Wunderteams mehr und mehr ab, endgültig geht die Ära mit einem 1:2 gegen die Tschechoslowakei ein halbes Jahr später zu Ende. Und es ist bezeichnend, dass der Sturm, der bis dahin mit nur einer einzigen Ausnahme sämtliche Treffer erzielt hat, in diesem Spiel nicht mehr trifft. Sindelars Karriere dagegen geht noch ein paar Jahre weiter. Die Austria schießt er zweimal zum Mitropa-Cup-Gewinn. Die zahlreichen Angebote, nach England zu wechseln, schlägt er aus, weil er lieber in seinem Rosengarten in Wien bleibt, von dem er einmal sagt, er sei das Geheimnis seines Erfolges.

Ohne einen bedeutenden Titel mit der österreichischen Nationalmannschaft errungen zu haben, tritt Sindelar von der Weltbühne ab, schuld daran war auch ein Akt globaler Sportpolitik. Die erste Weltmeisterschaft 1930 in Uruguay verpasste er, weil Hugo Meisl wegen seiner schweren Krankheit nicht dabei war, als über den Austragungsort entschieden wurde. Meisl war wegen der strapaziösen Reise und des wochenlangen Ausfalls der Spieler in der heimischen Meisterschaft strikt gegen einen Austragungsort außerhalb Europas gewesen. Als das Turnier in den südamerikanischen Staat vergeben wurde, sagte Österreich die Teilnahme ab, auch weil sich der wieder genesene Meisl kategorisch dagegen aussprach. Das Angebot der Vienna, stattdessen ihre Profimannschaft zu entsenden, schlug der ÖFB aus.

Vier Jahre später wurde Italien zum Austragungsort bestimmt, und Österreich reiste als einer der Favoriten an. Die Zeit des Wunderteams war zwar vorüber, doch ein 4:2 über Italien nur wenige Monate vor dem Turnier zeigte, dass die Mannschaft mit einem Innensturm, der ausschließlich aus schussstarken und schnellen Rapidspielern bestand, auch gewinnen konnte, ohne kunstvoll zu scheiberln. Doch die WM stand unter einem schlechten Stern – es war der von Mussolini. Für den Duce war das Turnier die Möglichkeit, die Welt von der Größe der italienischen Nation zu überzeugen. Er ließ in Rom ein prachtvolles Stadion errichten und machte den Schiedsrichtern auf seine Weise klar, wie wichtig ihm ein erfolgreiches Abschneiden seiner Mannschaft war.

Trotz einer miserablen und kräftezehrenden Vorbereitung zogen die Österreicher ins Halbfinale ein und trafen dort auf Italien. Die Mannschaft von Hugo Meisl war chancenlos, weil der schwedische Schiedsrichter namens Eklind den Italienern immer dann zur Hilfe eilte, wenn sie sich selbst nicht mehr helfen konnten. Vor allem Matthias Sindelar wurde zum Opfer rüder, nicht geahndeter Attacken. Der Mittelläufer Monti, ein aus Argentinien eingebürgerter Kämpfer, setzte ihm am meisten zu. Ein Jahr vorher, im Mitropa-Cup-Finale zwischen Ambrosiana Mailand und Austria Wien, war Monti wegen seiner üblen Fouls an Sindelar noch vom Platz geflogen, jetzt durfte er nach Ball und Beinen treten, wie es ihm gefiel. Höhepunkt des lächerlichen Schauspiels war eine Szene, an die sich der Rapidstürmer Josef Bican später so erinnerte: »Als eine Flanke auf den rechten Flügel zu Karl Zischek kam, konnte der allein auf das italienische Tor laufen. Da hat der Schiedsrichter, der gerade dort stand, den Ball absichtlich mit einem Kopfball weggeköpft.« Italien gewann durch ein auch nach Meinung neutraler Beobachter irreguläres Tor mit 1:0, Sindelar humpelte vom Platz. Italien gewann das Finale, und Österreich verlor das Spiel um Platz drei – ausgerechnet gegen Deutschland, und ein Leser des »Kleinen Blattes« schrieb daraufhin: »Ich bin nur neugierig, wie Hugo Meisl es anstellen wird, um unerkannt vom Bahnhof in seine Wohnung zu kommen.«

Nur noch einmal spielte Sindelar zum Ende seiner Laufbahn groß auf, und mit dieser Partie begann die vermeintliche Metamorphose vom Weltklassekicker zum Widerstandskämpfer. Ab März 1938, nachdem Österreich den »Anschluss« ans deutsche Reich gewählt hatte, mussten viele Juden unter Lebensgefahr die Stadt verlassen. Sindelar indes sagte zum jüdischen Austria-Präsidenten Michl Schwarz, der sein Amt nicht länger behalten durfte: »Der neicha Vereinsführer hat uns verboten, daß ma Ihna griaßn. I wer Ihna oba immer griaßn, Herr Doktor.« Diese

Aussage machte aus Sindelar, dem Sturmführer des Wunderteams, einen angeblichen Wortführer des Widerstands. Zwei dahingesagte Sätze und dazu noch der Auftritt beim so genannten Versöhnungsspiel der »Ostmark« gegen das »Altreich« im April. Hier sollte wenige Wochen vor der Weltmeisterschaft in Frankreich verschmelzen, was nicht zusammenpasste: das Spiel der verspielten Kaffeehauskünstler mit dem der humorlosen Kraftkicker aus Deutschland.

Am 3. April 1938 lieferte Sindelar, der sich vom Nationalteam eigentlich schon zurückgezogen hatte, ein letztes Mal den Beweis seiner Kunst. Dass er es in diesem Spiel tat, vor dem es die Anweisung gegeben haben soll, gegen die Deutschen bloß kein Tor zu erzielen, machte aus seiner Artistik einen Akt des Protests. Beim Training vor dieser bedeutungsschweren Partie soll der Trainer der Deutschen, Sepp Herberger, ihn noch mit der Frage »Das soll ein Fußballer sein?« verhöhnt haben. In der ersten Halbzeit vergab Sindelar noch Chance um Chance, er schoss mit so viel Leidenschaft daneben, dass irgendwann auch der Letzte im Stadion begriff, dass er mit den Deutschen wie eine Katze mit einer Maus spielte, bevor sie die vernascht. In der zweiten Halbzeit erzielte er das erste Tor, sein bester Freund Karl Sesta mit einem Heber aus 45 Metern das zweite. Ihre Gegner schafften kein Tor.

Es war Sindelars letzter Auftritt im Nationalteam und der Schlussakt des Wiener Fußballtheaters. Die Mannschaft wurde ins reichsdeutsche Team integriert, und die vielen Versuche von Herberger, Sindelar für die WM in sein Team zu holen, liefen ins Leere. Sindelar tauschte sein Trikot lieber gegen eine Schürze ein und wurde Kaffeehaus-Besitzer. Für 20 000 Reichsmark kaufte er das Café Annahof in Favoriten von Leopold Drill, einem Juden. Der Kauf, so hieß es, war ein Freundschaftsdienst. Drill, von den Nazi-Schergen unter massiven Druck gesetzt, habe gewusst, dass er sein Café sowieso hätte verkaufen müssen, und es lieber seinem Freund Sindelar überlassen, weil der versprochen habe, ihm das Geld unter der Hand zurückzugeben.

Nur ein halbes Jahr nach der Eröffnung des Kaffeehauses starb Sindelar. Im Januar 1939 wurde er tot in der Wohnung einer italienischen Prostituierten gefunden, die ohnmächtig danebenlag und ebenfalls starb, ohne das Bewusstsein wiedererlangt zu haben. Beide kamen durch eine Kohlenmonoxydvergiftung ums Leben. Damit war die Stunde der Verschwörungstheoretiker angebrochen. Er sei umgebracht worden, entweder von ihr, weil er sie nicht habe heiraten wollen, von einem Zuhälter, mit dem sie in Kontakt gestanden habe – oder von den Nazis. Andere glaubten an einen Doppelselbstmord aus Verzweiflung über das von den Deutschen verwüstete Leben in Wien. Sein Tod war so zum Symbol dafür geworden, dass es aus dem braunen Sumpf, in dem die Stadt versank, am Ende kein Entrinnen gab.

Um der Legendenbildung entgegenzuwirken, setzten die Nationalsozialisten ein staatsaktgemäßes Begräbnis an, 15 000 Menschen kamen zum Wiener Zentralfriedhof. Doch gegen die Wortgewalt des aus der Stadt vertriebenen Friedrich Torberg hatte diese Inszenierung keine Chance. Aus der Ferne verarbeitete er seine Trauer in der »Ballade auf den Tod eines Fußballspielers«: »Er spielte Fußball wie kein zweiter, er stak voll Witz und Phantasie. Er spielte lässig, leicht und heiter. Er spielte stets. Er kämpfte nie. (...) Ein Weilchen stand er noch daneben, bevor er abging und nachhaus. Im Fußballspiel, ganz wie im Leben, war's mit der Wiener Schule aus. / Er war gewohnt zu kombinieren und kombinierte manchen Tag. Sein Überblick ließ ihn erspüren, dass seine Chance im Gashahn lag. / Das

Tor, durch das er dann geschritten, lag stumm und dunkel ganz und gar. Er war ein Kind aus Favoriten und hieß Matthias Sindelar.« Später wurde zwar bekannt, dass das Gas vermutlich durch eine defekte Leitung geströmt war, der Mythos vom Märtyrer, der sich für seine Stadt aufgeopfert hat, wurde trotzdem über Jahrzehnte gepflegt.

Doch dann kam es im Oktober 2003, es war das Jahr von Sindelars hundertstem Geburtstag, zu einer verhängnisvollen Begegnung. Peter Menasse, der »Nu«-Herausgeber, traf sich mit der Enkelin von Leopold Drill, einer über achtzigjährigen Dame. Sie übergab ihm Dokumente aus dem Staatsarchiv, in denen Sindelar erklärte, Parteigenosse der NSDAP und arischer Abstammung zu sein. Außerdem belegen sie, dass die Kaufsumme deutlich unter dem eigentlichen Wert des Cafés lag. Menasse, der aus einer violetten Familie stammt, ist seit Kindestagen Fan von Austria Wien, sein Onkel Hans hat sogar für die Austria gespielt. Dessen Tochter Eva Menasse hat ihn in ihrem Roman »Vienna« zur Hauptfigur gemacht. Peter Menasse mochte, was er in den Akten las, zunächst selbst nicht glauben. Für ihn war Sindelar so etwas wie die Weiße Rose Österreichs, auch wenn der keine Flugblätter durch die Luft hatte fliegen lassen, sondern nur den Ball. Trotzdem veröffentlichte Menasse seine Geschichte vom »Parteigenossen Sindelar«. Menasse wollte lieber einen Helden verlieren als seine Version der Wahrheit für sich behalten.

»So schön das Gedicht vom ›Kind aus Favoriten‹ (...) auch sein mag, es ehrt den Falschen«, heißt es da. »Matthias Sindelar hatte alle Register gezogen und sich jedem Diktat gebeugt, um das Kaffeehaus von Leopold Drill zu übernehmen.« Sein Artikel löste eine wütende Debatte aus. Historiker warfen ihm vor, die Dokumente falsch interpretiert zu haben. Das Schriftstück, das Sindelar als Mitglied der NSDAP ausweise, sei ein Vordruck gewesen, in dem hinter das Kürzel PG für »Parteigenosse« sein Name eingetragen worden sei. Jeder, der damals ein Geschäft übernehmen wollte, habe so einen Antrag ausfüllen müssen, und wer wisse schon, ob Sindelar diesen Antrag selbst je zu Gesicht bekommen habe. Außerdem habe er auch in der jüdischen Gemeinde als Halbheiliger gegolten, das müsse seine historische Ursache haben, die außerhalb der von Menasse zitierten Akten liege. Aus Rücksicht auf die tschechische Minderheit in Wien habe er sich als Widerständler gar nicht zu offensiv in Pose setzen können. Fußballanhänger hielten Menasse vor, im Herzen Fan von Rapid zu sein, ein Grün-Weißer, der nur der Austria habe schaden wollen. Und die dritte Gruppe war einfach böse, weil sie sich den Mythos vom tapferen Sindelar nicht zerstören lassen wollte.

Der fast religiöse Eifer, mit dem diese Debatte geführt wurde, hat Menasse selbst am meisten überrascht. »Ich habe nur dargestellt, was in den Akten steht. Persönlich glaube ich nicht, dass Sindelar ein Nazi war, aber er hat sich gegen die Arisierung eben auch nicht verwahrt«, sagt er. »Nach allem, was man von ihm weiß, war seine Sache nicht das große Denken, sondern das elegante Fußballspielen. Aber er war eben nicht der Widerstandskämpfer, als der er bis heute gilt.« Das wollte nur kaum noch jemand hören. Nach ein paar Wochen beruhigte sich das Land wieder, ohne ein echtes Ergebnis. In der aufgeheizten Atmosphäre war es unmöglich, die Debatte sachlich abzuschließen. Welche Rolle der so wortkarge Sindelar tatsächlich gespielt hat, blieb ebenso im Dunkeln wie die Frage, ob er Drill mit dem Kauf einen Gefallen hatte tun wollen. Für Menasse ist das ein gutes Beispiel dafür, wie unsauber Österreich mit der Aufarbeitung der eigenen Geschichte umgeht: »In Österreich macht man sich seine Helden eben gerne selbst.«

Schwierige Beziehung zweier ungleicher Nachbarn – Die Piefkes und die Ösis

Wer das komplizierte Verhältnis zwischen dem österreichischen und dem deutschen Fußball studieren will, muss auf Basel 1954 sehen, auf Cordoba 1978, Gijon 1982 – oder auf Stuttgart 1996.

Am 13. April dieses Jahres gastierte Bayern München im Gottlieb-Daimler-Stadion zu einem Spiel, das in der deutschen Bundesligageschichte zu Recht in Vergessenheit geraten ist. Didi Hamann flog in der 30. Minute wegen groben Foulspiels vom Platz, Jürgen Klinsmann erzielte in der 48. Minute das einzige Tor an diesem sonnigen Nachmittag, Bayern München siegte und verteidigte seine Tabellenführung. Dass dieses Spiel trotzdem einen Platz im Geschichtsbuch der deutsch-österreichischen Beziehung verdient hat, liegt an einer denkwürdigen Szene in der ersten Halbzeit.

Der Torhüter des FC Bayern München war unzufrieden mit der Einsatzbereitschaft seiner Vorderleute, er bellte sie ein ums andere Mal zur Ordnung, und irgendwann wurde es ihm zu bunt. Er wurde damals noch nicht »Titan« genannt, aber Oliver Kahn hasste es, wenn seine Mitspieler halbherzig zur Sache gingen und er deren Fehler ausbügeln musste. Plötzlich stürmte er aus dem Tor und sprang einem Teamkameraden an der Strafraumgrenze an die Gurgel. Es handelte sich um Andreas Herzog, den einzigen österreichischen Legionär im Kader des deutschen Rekordmeisters. Der offensive Mittelfeldspieler schüttelte den Kopf und torkelte fassungslos ein paar Schritte zurück. In der Halbzeitpause blieb er in der Kabine. In der nächsten Saison kehrte er nach Bremen zurück, von wo er nur ein Jahr zuvor gekommen war. In der kleinen Welt von Bremen war Herzog ein Star, in der großen von München ein Hascherl.

Der Griff an die Gurgel war weit mehr als ein Kurzschluss in der Hitze des Gefechts. Er symbolisiert den Grundkonflikt zwischen Deutschen und Österreichern in einer besonders drastischen Weise. Die Protagonisten waren Oliver Kahn, der Inbegriff des siegeshungrigen Deutschen, und Andreas Herzog, Schönspieler mit dem Spitznamen »Herzilein«. Hier der robuste, vor Selbstvertrauen strotzende Deutsche, der bis zur letzten Minute kämpft und das Glück notfalls erzwingt. Dort der filigrane, weniger von sich selbst überzeugte Österreicher, der nur so lange kämpft, bis ihm die Kraft ausgeht, was meistens um die 70. Minute herum passiert.

Die Fußballgeschichte hat viel Beweismaterial für diese unterschiedlichen Mentalitäten geliefert. Die Sache mit dem deutschen Glück etwa begann aus österreichischer Sicht 1954 bei der Weltmeisterschaft in der Schweiz, zu der die Österreicher noch als einer der Favoriten auf den Turniersieg angereist waren. Die Niederlage gegen Deutschland im Halbfinale von Basel hatte ihre Ursache schließlich nicht in der überragenden Technik der Männer um Fritz Walter, sondern in den auswechselbaren Stollen, mit denen die Deutschen auf den nassen Baseler Rasen reagieren konnten, auf dem die Österreicher herumrutschten wie auf einer Eisplatte. Während Friedrich Torberg nach diesem 1:6 von der vernichtendsten Niederlage seit Königgrätz schrieb und vom »Ende der Poesie im Fußball«, hatte der deutsche Trainer Sepp Herberger schlicht »Mängel im österreichischen Spiel« festgestellt. Schon damals galt: Drama gegen Analyse. Herz gegen Hirn. Auf diese Weise wurde Deutschland dreimal Weltmeister, während Österreich sich an eine andere Rolle gewöhnte: die des Zuschauers. In Österreich galt die deutsche Erfolgsgeschichte als die Folge unverdienten Glücks, während es das eigene »Team« – wie die Nationalmannschaft schlicht genannt wird – nur noch selten schaffte, sich für eine Weltmeisterschaft zu qualifizieren. Und wenn sie mal knapp davor waren, haute ihnen Gerd Müller einen rein – so wie am 10. Mai 1969 beim 1:0-Sieg im WM-Qualifikationsspiel in Nürnberg – in der 88. Minute.

Drei deutsche Weltmeister- und drei Europameistertitel sind in Österreich aber kein Grund, zuzugeben, dass der Nachbar mehr Talent zum Fußballspielen hat. Erstens – so ein gerne vorgetragenes Argument – hat Deutschland mit etwa 80 Millionen Einwohnern schlicht zehnmal so viele Einwohner, bringt also auch zehnmal mehr gute Spieler hervor. Außerdem erzwingen die deutschen Kicker den Erfolg, statt ihn sich zu erspielen, während in Österreich das Genie mehr Berechtigung am Platz hat. Man darf es sogar verschlampen, man muss es vielleicht gar! Ein schön verlorenes Spiel ist immer noch besser als eine peinliche Willensanstrengung von Natur aus Minderbegabter – sprich: der Deutschen. Wenn der Weg zum Erfolg mit Qual verbunden ist, wählt der Österreicher lieber den moralischen Sieg.

»Was Deutschland und Österreich trennt, ist die gemeinsame Sprache«, hat der Satiriker Karl Kraus einmal gesagt. Auf den Fußball übertragen könnte es heißen: »Was Österreicher und Deutsche verbindet, ist das unterschiedliche Spiel.« Aber es gibt diese unumstößlichen Wahrheiten im Fußball, und eine davon ist, dass ein Sieg immer noch am schönsten ist, selbst – oder gerade – wenn man 47 Jahre darauf warten musste. Deshalb geht es, wenn man vom österreichisch-deutschen Dauerduell spricht, unweigerlich zu jenem 21. Juni 1978. Damals in Cordoba, bei der WM in Argentinien, war Österreich zum ersten Mal seit 1931 wieder einmal siegreich gegen das läuferisch bessere, mental stärkere und vor allem stets glücklichere Deutschland. Was an diesem Tag aber niemand wissen konnte: Dieses 3:2 war ein Pyrrhussieg. Lange Zeit galt der Triumph als helles Licht, doch wirft er bis heute in Wirklichkeit einen dunklen Schatten über den österreichischen Fußball.

Hans Krankl hat zu diesem Spiel in Argentinien zwei Tore beigetragen. Damals hatte er noch einen flotten Schnurrbart und nach dem Spiel in die Mikrophone gescherzt: »Zwei Tore gegen Deutschland – jetzt muss ich mein Leben lang kein Tor mehr schießen.« Das hat er danach trotzdem noch getan, ziemlich oft sogar. Beim FC Barcelona, der ihn sieben Tage nach diesem Spiel engagierte, wurde er europäischer Torschützenkönig, nach seiner Rückkehr aus Spanien fuhr er mit dem Kennzeichen »W – Barca 9« durch Wien. Dem Ex-Stürmer, das sieht man an seinem braungebrannten und durchtrainierten Körper, geht es gut. Gerne weilt er in Italien, schießt scharfe Kolumnen über den Boulevard und rockt auf der Bühne gelegentlich mit dem »Ostbahn-Kurti«, einer Musikerberühmtheit aus Wien. Denn Hans Krankl, sagt Hans Krankl, macht genau das, was er will. Und das ist nicht zuletzt, gegen Deutschland zu stichlen. Seine Haare schimmern silbern, und der Schnurrbart ist ab, aber man sieht ihm an, dass es noch die eine oder andere Nacht gibt, in der er wieder 25 ist und mit ausgebreiteten Armen an der Außenlinie im Stadion von Cordoba entlangläuft, als würde er gleich abheben.

Vor der WM 1978 hatte wenig auf diesen historischen Sieg hingedeutet. Österreich hatte sich mit einem 1:0-Sieg gegen die Türkei mit einem Schuss von Herbert Prohaskas Picke – der Treffer wurde deshalb als »Spitz von Izmir« geadelt – erstmals seit 1958 für eine Weltmeisterschaft qualifiziert. Der Erfolg lag in der Mischung aus erfahrenen Spielern wie Josef Hickersberger, Heinrich Strasser oder

Robert Sara und jungen Talenten wie Hans Krankl, Herbert Prohaska oder Bruno Pezzey. Überraschend gewann die von Helmut Senekowitsch trainierte Mannschaft in Argentinien ihre Gruppe mit Siegen über Spanien (2:1) und Schweden (1:0), trotz einer Niederlage gegen Brasilien (0:1). Doktor Erwin Ringel, der große Nachkriegs-Psychologe des Landes, hat Österreich als ein Volk beschrieben, dessen Einwohner stets »zwischen rührseliger Unterschätzung und grenzenlosen Grandiositätsgefühlen« hin und her schwanken, und in der ersten Begegnung der Finalphase war es wohl Zweiteres. Die Spieler liefen in ein 1:5 gegen das von Ernst Happel trainierte Holland. Mit dem ehrenhaften 0:1 gegen Italien war der Traum vom Finale vorbei, aber eine Partie war noch zu spielen.

Deutschland war bei diesem Turnier in einem »tornetzschonenden« Stil aufgetreten, wie Hellmuth Karasek im »Spiegel« spottete. Sie stolperten von einem torlosen Unentschieden gegen Polen ins nächste gegen Tunesien, die Ausnahme war das 6:0 gegen Mexiko, das den Einzug in die zweite Runde sicherstellte. Trotzdem schien dem amtierenden Weltmeister in der südamerikanischen Hitze die Orientierung verloren gegangen zu sein. Mit ungewohnter Zögerlichkeit schoben sich die Spieler die Bälle zu – oder wie es Torwart Sepp Maier formulierte: »Vorne ist nix, und hinten i.« Nach einem 0:0 gegen Italien und einem 2:2 gegen die Niederlande musste die Mannschaft um ihren Kapitän Berti Vogts mit 5:0 gegen Österreich gewinnen, um ins Finale aufzusteigen. Und das auch nur, wenn das parallel ausgetragene Spiel zwischen Italien und den Niederlanden unentschieden enden würde. Für Herbert Neuberger, Präsident des Deutschen Fußball-Bundes, war zumindest die Vorbedingung machbar: »Fünf Tore gegen Österreich, warum soll uns das nicht gelingen?«

Doch Berti Vogts sorgte dann im Spiel mit einem Eigentor für den 1:1-Ausgleich, nachdem sich in dieser Partie unter der Glut der südamerikanischen Sonne zunächst die Wiederholung der Geschichte angebahnt hatte: Österreich spielte, Deutschland traf, Karl-Heinz Rummenigge, 19. Minute. Einen weiteren Grund für das deutsche Scheitern nannte später Hansi Müller, dem sein österreichischer Mitspieler Roland Hattenberger beim VfB Stuttgart einmal attestierte, er »spiele fast österreichisch« – für die deutsche Presse spielte er dagegen manchmal »wie ein Weib«. Müller sagte: »Immer spukte uns das 5:0 im Kopf herum, und das hat uns völlig durcheinandergebracht.« Auf der Pressetribüne redete sich der Radioreporter Edi Finger warm – kaum jemand in Österreich weiß heute, dass das Spiel im Fernsehen von Robert Seeger kommentiert wurde. Die Bilder wurden seit jeher mit Fingers »I werd narrisch«-Schrei unterlegt, womit er den 3:2-Siegtreffer frenetisch bejubelte.

Schon beim Treffer zum 2:1 durch Hans Krankl war Finger der Ekstase nahe. Es handelte sich tatsächlich um ein herrliches Tor. Eine weite Flanke nahm Krankl mit der Brust im Strafraum an und setzte im Fallen einen Volley über den staunenden Sepp Maier. Es wurde Wochen später zum Tor des Monats gewählt – in der ARD, was nicht zuletzt zeigte, mit welcher Distanz Deutschland das Auftreten der eigenen Mannschaft betrachtete. Nach dem postwendenden Ausgleich durch Bernd Hölzenbein in der 68. Minute rechnete alles mit einem Unentschieden. Aber kurz vor Ende verschätzte sich Rolf Rüssmann bei einer weiten Flanke von rechts, der Ball fiel Hans Krankl vor die Füße. Der stürmte auf der linken Außenbahn los, zog blitzschnell nach innen an Manni Kaltz vorbei und schaffte es auf Höhe des Elfmeterpunkts noch, den Ball unter Maier hindurch ins Tor zu schieben. Krankl breitete die Arme aus, drehte nach links ab, und in seinem Gesicht spiegelte sich gleichermaßen Freude und Fassungslosigkeit. Es war die 88. Minute. Ein Land stand kopf. Um zu verstehen, was dieser Sieg für Österreich bedeutete, braucht man nur den Original-Kommentar von Edi Finger nach dem Siegestreffer noch einmal zu lesen.

»Wir fallen uns um den Hals, der Kollege Rippel, der Diplomingenieur Bosch, wir busseln uns ab. Drei zu zwei für Österreich durch ein großartiges Tor unseres Krankl, er hat alles überspült. Wartens no a bisserl, dann kömma uns vielleicht a Viertel genehmigen, also das muss man miterlebt haben. Jetzt bin ich aufgestanden. I…i…i glaub, jetzt hammers gschlogn (*wird immer atemloser*). Aufpassen jetzt, Burschen, fallt's net um, bleibt's aufrecht stehn. Noch zwei Minuten. Aber noch wollen wir's nicht glauben, noch wollen wir nichts verschreien. Eine Möglichkeit, ein Nachschuss (*die Stimme wird jetzt kreischiger*) – und daneeeeben. Der Abramczik! Abbusseln möchte ich den Abramczik dafür. Der Arme wird sich ärgern. Jetzt hat er uns gholfen, der brave Abramczik, und danebengschossen. Noch dreißig Sekunden. Drei zu zwei für Österreich, nach 47 Jahren, meine Damen und Herren. Eine Weltklassemannschaft, die da heute spielt. Und ich trau mich schon gar nicht mehr hinschauen. Und Prohaska haut den Ball ins Aus. Und jetzt ist aus, Ende, Schluss, vorbei, aus. Deutschland geschlagen, meine Damen und Herren.«

Ein paar Meter weiter fasste der deutsche Kommentator Armin Hauffe das Spiel etwas nüchterner zusammen: »Deutschland unterliegt Österreich in einem Spiel mit zwei zu drei. Es war ein schwaches Länderspiel hier aus Cordoba. Tja.«

Tja. Vogts beendete danach seine Nationalmannschaftskarriere, für Hans Krankl war es dagegen das Spiel seiner Karriere. »Wir haben immer den Fehler gemacht, uns am deutschen Fußball zu orientieren«, sagt er heute, »das war falsch, weil Deutschland auch schon falschlag. Wir haben immer gedacht, wir sind die besseren Techniker als die Deutschen, und wenn wir genauso viel Kraft und Kondition hätten, wären wir besser. Aber das ist völliger Blödsinn. Erstens haben wir überhaupt nicht die besseren Kicker als die Deutschen, denn die hatten auch immer schon sehr gute technische Spieler. Und zweitens waren wir konditionell nicht unterlegen.« Was Krankl damit sagen will: Der Sieg war nicht nur die Rache für 47 Jahre voller Demütigungen. Er war auch der Beweis, dass die Österreicher zu den Deutschen aufgeschlossen hatten. Österreich schied zwar genauso wie Deutschland aus – die Mannschaft bekam aber im Gegensatz zur geprügelten deutschen Elf einen weltmeisterlichen Empfang in Wien. Robert Sara, Verteidiger bei Austria Wien, hatte dabei noch sein Trikot im Gepäck. Auf dem Spielfeld hatte er den Tausch mit Karl-Heinz Rummenigge verweigert. Seine Begründung: »Ein österreichisches Trikot ist jetzt genauso viel wert wie ein deutsches.«

Ob sie es wollen oder nicht: Die Österreicher messen sich eben ständig an den Deutschen. Eine deutsche Mannschaft aus einem Wettbewerb zu schießen ist doppelt so viel wert. Der Triumph von Cordoba offenbarte aber noch mehr. Bis lange nach dem Zweiten Weltkrieg definierte sich Österreich weniger als Österreich denn als Nicht-Deutschland. Zum einen, um die Schande der eigenen Geschichte zu verdrängen, zum anderen, um eine eigene Identität zu finden. Aus dem Unterrichtsfach »Deutsch« war nach dem Krieg das Fach »Umgangssprache« geworden. Hier setzte der Effekt von Cordoba ein. Das Land begriff sich im Moment des Sieges über Deutschland endlich wieder als Nation. Ganz im Sinne des sozialistischen Kanzlers Dr. Bruno Kreisky, der einmal gesagt hat: »Wir haben eine Nationalbank, und wir haben eine Nationalmannschaft – also sind wir eine Nation.« Das neue Selbstvertrauen stand auf zwei weiteren Säulen, den hervorragenden Wirtschaftszahlen und der Rückkehr auf das Parkett der internationalen Diplomatie, die Kreisky in seiner Zeit als Bundeskanzler von 1970 bis 1983 ermöglichte. Cordoba war das Sahnehäubchen. Das österreichische Spiel hatte immer mit der Mischung aus Eleganz und Ineffizienz kokettiert. Davon war über die Jahrzehnte nur noch die Ineffizienz übrig geblieben, aber endlich hatte man die Deutschen wieder weggehauen, 'tschuldigens: weggetanzt. Man war wieder wer.

In diesem Sieg liegt der Ursprung des irrigen Glaubens an eine goldene Generation, der Österreich seither im Würgegriff hält. Ganze Generationen sind daran gemessen worden und zerbrochen. Lange Zeit galt das Paradigma von Johann Cruyff, nach dem der Spieler nichts und das System alles sei, in Österreich in seiner Umkehr. Man braucht nur elf gute Fußballer auf dem Platz – in welchem System die dann spielen, das ist zweitrangig. Dem Nachwuchs hat das nicht gutgetan. Als Hans Krankl von 2002 bis 2005 das Nationalteam trainierte, soll er beim Schusstraining Ball um Ball ins Tor gedroschen haben, während die Spieler kleinlaut danebenstanden. Ein Teamchef muss als Referenzen bis heute weniger Kompetenz, Vision und Leidenschaft vorweisen, sondern vor allem: Ex-Cordoba-Spieler sein.

Insofern ist Bernd Krauss ein paar Jahre zu spät gekommen. Der Mann aus dem Ruhrpott könnte heute vielleicht Trainer der österreichischen Nationalmannschaft sein und nicht des Zweitligisten ASK Trenkwalder Schwadorf, wo er von August bis Dezember 2007 am Hebel saß. Der 1957 in Dortmund geborene Krauss ist nicht mit seinem Namensvetter Karl Kraus verwandt. Für Satire hat er auch weit weniger übrig, seine Geschichte allein ist schon komisch genug. Bernd Krauss ist ein Kuriosum in der deutsch-österreichischen Fußballgeschichte und steht doch für alles, worauf sie basiert. Auf seine Weise könnte man Krauss beinahe für einen Visionär halten.

1977 wechselte Krauss noch als Spieler von Borussia Dortmund zu Rapid Wien, drei Jahre später bewarb er sich für die österreichische Staatsbürgerschaft, 1981 bestritt er sein erstes Nationalspiel für die neue Heimat. Fatalerweise war es ein WM-Qualifikationsspiel in Hamburg gegen Deutschland. »Die ARD wollte damals meine Eltern während des Spiels filmen«, erzählt Krauss, »ich meinte nur: Macht das bloß nicht.« Es sollte sich als weise Voraussicht herausstellen. Krauss erzielte bei einer missglückten Rettungsaktion das Eigentor zum 1:0 für Deutschland. »Am liebsten hätte ich mich eingegraben.« Die Mitspieler aber prügelten nicht auf den »Piefke« genannten Import ein, wie er betont, sondern richteten ihn auf. Krauss bestritt insgesamt 22 Spiele für das österreichische Team, Kontakte mit Kollegen aus der damaligen Mannschaft hat er dennoch nicht mehr. »Wie lange war ich Österreicher? Gute Frage. Drei oder vier Jahre? Ich habe das damals aus rein sportlichen Gründen gemacht«, gibt er zu, »ich dachte mir, über die Möglichkeit des österreichischen Teams schaffe ich es wieder in die deutsche Bundesliga.«

Die Liste deutscher Spieler oder Übungsleiter, die es Krauss seither nachgemacht haben, ist lang, doch ihr Wirken war von unterschiedlichem Erfolg geprägt. Sie haben nicht extra die österreichische Staatsbürgerschaft angenommen, aber die Liga stets als ihr Sprungbrett betrachtet. Für Trainer aus Österreich ist ein Engagement in Deutschland ein Karrieresprung, für Deutsche ist Österreich ein Übungsplatz – oder ein Bewährungslager. Das Land ist eine kleine Welt, in der die große ihre Probe hält, hat Franz Grillparzer einmal gesagt, und so sehen es auch die deutschen Trainer. Ob sie nun Klaus Augenthaler, Horst Hrubesch oder Joachim Löw heißen. Auch Rüdiger

Abramczik, den Edi Finger in Cordoba einst abbusseln wollte, war kurz da und hat von 2002 bis 2003 erfolglos die Geschicke des FC Kärnten geleitet. Unter Lothar Matthäus war Rapid Wien in der Saison 2001/2002 auf den achten Tabellenplatz gestürzt, es war die schlechteste Endplatzierung der Vereinsgeschichte. Auf die Frage, ob es nicht klüger gewesen wäre, etwas kleiner anzufangen, antwortete er: »Ich habe doch klein angefangen. In der österreichischen Liga.« Und als Christoph Daum nach seinem Kokain-Dilemma wieder Fuß fassen wollte, tat er es in Österreich bei der Austria.

»Ich erinnere mich an ein Spiel in Ried«, erzählt Daum, »da standen aufklappbare Bänke am Spielfeldrand, die boten nicht ausreichend Platz. Ich habe mich danebengestellt, damit die Spieler und die Betreuer sitzen konnten. Nach ein paar Minuten habe ich plötzlich einen Stock an meiner Seite gespürt. Als ich mich umgedreht habe, stand da ein älterer Herr. Er hat mich mit seinem Krückstock liebevoll angestupst und gesagt: ›Hörn Sie mal zu, junger Mann, ich sitz hier schon seit dreißig Jahren, und wenn Sie hier stehen, kann ich nichts sehen! Setzen Sie sich bitte wieder hin!‹ Da habe ich mich natürlich in Ehrfurcht vor dem Alter hingesetzt und in mich hineingeschmunzelt.«

Der alte Herr war aber nicht der Grund, warum er nach einer Saison weiter nach Istanbul zog. Es machte ihm einfach keinen Spaß, dass Wochenende für Wochenende nur ein paar tausend Zuschauer die Erträge seiner Arbeit sehen wollten. »Ich erinnere mich an ein Pokalfinale, da kamen nur 7000 Leute. Da hat mich der Zuspruch in den anderen Ligen, aus denen ich Angebote hatte, natürlich mehr gereizt.« Er spricht damit allen deutschen Trainern aus dem Herzen, die am österreichischen Spielfeldrand mit ihrer Körpersprache signalisieren: Ich bin doch Startrainer, holt mich hier raus!

In Österreich sieht man diese Entwicklung zwiespältig. Die Stadien mögen keine Hexenkessel sein, und es mag auch etwas dran sein an der eigenen Bequemlichkeit. Aber sich ständig anhören zu müssen, dass ein alternder Deutscher immer noch besser sei als ein Österreicher, der den Hintern nicht hochkriege, das geht dann doch zu weit. So machte sich in jüngerer Vergangenheit vor allem Manfred Bender, Ex-Profi des FC Bayern München, bei 1860 München und beim KSC, mit markigen Ansagen unbeliebt. Bender hatte seine Trainerkarriere ebenfalls in Österreich begonnen, beim Regionalligisten Vöcklabruck. Dann war der Bundesligist SCR Altach auf den ehemaligen Schusskünstler, der Oliver Kahn einst einen direkten Eckball in die Maschen gesetzt hatte, aufmerksam geworden. Doch unmittelbar nach Amtsantritt verkündete er, die Spieler könnten nicht mal seine beiden Töchter überspielen. »In Deutschland geht es immer rund«, sagt Bender, der seinen Spielern vor allem diese Mentalität beibringen will. »Da will jeder immer gewinnen. Hier aber denken sich die Spieler, na gut, morgen ist auch wieder ein Training. Sie machen ihre Übungen, und hinterher ist die Sache erledigt.« Solche Sprüche lösen bei Österreichern deutliche Aversionen aus.

Während immer mehr deutsche Trainer in Österreich ihre Lehrjahre absolvieren, dürfen österreichische Trainer in Deutschland immer seltener ihre Meisterprüfung ablegen. Nachdem Peter Pacult Dynamo Dresden verlassen hatte, um dem Ruf von Rapid zu folgen, und 1860 München im März 2007 die Zusammenarbeit mit Walter Schachner beendet hatte, saß in der ersten oder zweiten deutschen Liga kein Österreicher mehr auf der Trainerbank.

Sie waren in Deutschland vor allem erfolgreich gewesen, als die pragmatische Spielergeneration der Nachkriegsjahre am Ruder war. Dass sich die beiden erfolgreichsten, Ernst Happel und Max Merkel, jedoch spinnefeind waren, ist eine Ironie der Geschichte. Schon in ihrer aktiven Zeit als Verteidiger-Duo bei Rapid Wien waren sie mehr Rivalen als Kollegen. In einem Spiel im Pariser Prinzenparkstadion gerieten sie beinahe in eine Prügelei und verließen den Platz, der eine nach links, der andere nach rechts. Merkel spielte nur einmal für die österreichische Nationalmannschaft, Happel bei zwei Weltmeisterschaften, er wurde sogar ins Jahrhundertteam von Rapid gewählt. Happel war schon als Spieler erfolgreich, Merkel wurde es erst als Trainer. In Deutschland setzten sie ihre Rivalität fort. Merkel wurde mit Nürnberg 1968 Meister, nachdem er den Verein ein Jahr zuvor als Abstiegskandidaten übernommen hatte, im Jahr darauf stieg der Club prompt ab – bis heute einzigartig im deutschen Fußball. Merkel war davor bereits entlassen worden. Happel wurde mit dem Hamburger SV Meister und gewann den Europapokal der Landesmeister. Der stille Grantler setzte dem nach Aufmerksamkeit heischenden Lästerer immer eins drauf. Happel wurde mit Holland Vize-Weltmeister, Merkel, der mit den Holländern bereits in den fünfziger Jahren eine Siegesserie hingelegt hatte, aber maulte: »Happel war eifersüchtig, dass ich vor ihm in Holland Erfolg hatte.« Ihre Aversionen haben sie auch auf der deutschen Bühne nie abgelegt. Merkel wurde allmählich zum Polemiker vom Dienst und bezeichnete Happel gar als »Beethoven im Endstadium«.

Ihren Nachfolgern war weniger Erfolg vergönnt. Dass Hans Krankl Fortuna Köln in der zweiten Bundesliga betreut hat, weiß in Deutschland heute kaum noch jemand. Er war auch nur genau 123 Tage da und schmiss im Mai 2000, vier Spieltage vor Schluss, die Brocken wieder hin. Kurt Jara kam im Oktober 2001 als Meistertrainer aus Tirol zum HSV, er war der zweite Österreicher nach Happel in Hamburg, verspielte den Kredit aber bald und fiel auch bei seiner nächsten Station bei Kaiserslautern mehr durch

Streitereien mit den Fans als durch erfolgreichen Fußball auf. Als Josef Hickersberger mit Fortuna Düsseldorf zum Auftakt der Saison 1991/1992 die ersten fünf Spiele verlor und deshalb entlassen wurde, gestand der ehemalige Spieler der Fortuna: »Ich bin zu nett für die Bundesliga. Ich beherrsche den Arschtritt nicht.«

Härte aber muss unter Beweis stellen, wer sich in Deutschland durchsetzen will. Als Trainer wie als Spieler.

Man sagt dem Österreicher nach, die Fähigkeit, sich zu quälen, beschränke sich vor allem auf seine Psyche. Doch in den neunziger Jahren bewiesen Wolfgang Feiersinger (Borussia Dortmund), Franz Wohlfahrt (VfB Stuttgart), Heimo Pfeiffenberger (Werder Bremen), Harald Cerny (1860 München) oder Dietmar Kühbauer (VfL Wolfsburg), dass sie auch ihre Physis schleifen konnten. Und mit der ganzen Schlitzohrigkeit eines Kindes aus Wien-Simmering schoss sich Toni Polster in die Herzen der Kölner und Gladbacher Fans. Wenn er traf, dann oft gleich zweimal. Damit begründete er seinen Spitznamen »Toni-Doppelpack«, was auch ein wesentlicher Grund für die Sympathie war, die Polster gegen Ende seiner Karriere daheim entgegenschlug. Zuvor war er in der österreichischen Öffentlichkeit trotz seiner Erfolge in Italien und Spanien ein mehr geduldeter als beliebter Nationalspieler gewesen, dessen Ausdrucksweise seine Landsleute eher als Einfältigkeit denn als den Schmäh interpretierten, für den er in Deutschland gefeiert wurde. Es war skurril, aber erst mit seinem Erfolg in Deutschland mochten ihn auch seine Landsleute.

In diese Zeit fiel auch der Versuch des österreichischen Ablegers von Sat.1, die österreichische Liga zum gleichen Termin auszustrahlen wie die deutsche. Wegen massiver Proteste wurde der Versuch nach wenigen Monaten abgebrochen, Sat.1 gab die Rechte im Jahr darauf wieder zurück. Der Österreicher betrachtet seine Liga eben durchaus realistisch nicht als den Nabel der Fußballwelt, heimlich guckt er lieber nach Deutschland, zumal, wenn dort die halbe eigene Nationalmannschaft engagiert ist. Ein volles Stadion in Dortmund, eine rasante Inszenierung, ein emotionaler Kommentar von Werner Hansch – aus Deutschland bekommt er die große Show statt der launig kommentierten Fehlpässe vor einer Geisterkulisse in Ried. Diese Trostlosigkeit kann auch der beste Regisseur nicht atmosphärisch aufpolieren. Zudem waren die österreichischen Zuschauer längst abgestumpft vom jahrzehntelangen Monopol des ORF, dessen Übertragungen im modernen Medienzeitalter hoffnungslos rückständig wirkten. In der jüngeren Vergangenheit war es dann genau umgekehrt: Als der Abo-Kanal Premiere mit der österreichischen Liga darüber verhandelte, die Bundesliga ab 2004 im Pay-TV zu übertragen, machte er zur Bedingung, die Anstoßzeiten zu verlegen, damit die Österreicher zuerst in Ruhe den Deutschen zusehen können, bevor sie sich dem eigenen Fußball widmen. Seitdem pfeifen die Schiedsrichter die Partien am Samstag erst nach sechs Uhr abends an.

Das Prinzip des deutsch-österreichischen Grenzverkehrs war stets dasselbe. Österreichische Legionäre in Deutschland sind auf dem Höhepunkt ihrer Karriere, Deutsche in Österreich haben diesen längst hinter oder noch vor sich. So spielten sich Carsten Jancker bei Rapid Wien und Oliver Bierhoff in Salzburg ins Rampenlicht und schafften danach noch eine internationale Karriere, nachdem sie vorher in Deutschland durchgefallen waren. Jancker hatte sich die Sympathie der Grün-Weißen mit typischen deutschen Tugenden wie Einsatz und Hingabe erarbeitet, als er etwa mit einem blutbeschmierten Turban Rapid 1996 im Europacup der Pokalsieger ins Finale schoss. Spieler wie Alexander Zickler oder Thomas Linke fanden dagegen bei Red Bull Salzburg, einem Verein, den der Energy-Drink-

Millionär Dietrich Mateschitz zu einer nationalen Bastion aufgebaut hat, ihr Frührentnerparadies – bei einem Tempo, das ihrem Alter entspricht. Zickler wurde auf diese Weise noch zum Torschützenkönig und Spieler des Jahres in Österreich.

Die Österreicher fühlen sich deswegen nicht in ihrer Ehre gekränkt. Hatte der Fußball mit Cordoba dabei geholfen, die Identitätskrise zu überwinden, verlagert sich der Stolz jetzt auf andere Felder. Das Land blickt inzwischen mit wesentlich mehr Selbstvertrauen über die Grenze nach Norden. Nicht ohne Schadenfreude weisen die Österreicher gern darauf hin, dass im Jahr 2006 mehr als 50000 Deutsche nicht in den vermeintlich blühenden Landschaften in Ostdeutschland beschäftigt waren, sondern vor allem in der heimischen Tourismusbranche. Im Gegensatz zum großen Nachbarn weist Österreich hervorragende Wirtschaftsdaten auf, im neuen Europa ist die Hauptstadt Wien wieder das Tor zum Osten und strotzt vor Wohlstand.

Den Deutschen wird nichts geneidet, im Gegenteil. Mit neugewonnener Souveränität räumen viele Österreicher ein, dass man denen da oben diese Lockerheit und Unverkrampftheit, mit der sie bei der Weltmeisterschaft 2006 aufgetreten sind, gar nicht zugetraut habe. Aber Humor haben sie immer noch keinen, die Piefkes, nehmen alles wörtlich und wollen es dann ständig ausdiskutieren.

Es bleibt dabei: Österreicher und Deutsche verstehen sich einfach nicht richtig. Und das ist auch besser so. Denn wenn sie es einmal tun, hat das keine guten Folgen. Am 25. Juni 1982 trafen die Nationalmannschaften beider Länder vier Jahre nach Cordoba erneut aufeinander. Es war das letzte Spiel der Gruppenphase der Weltmeisterschaft in Spanien und gilt bis heute als Schande des Fußballs. Die FIFA hat danach den Modus der WM geändert, seitdem werden die jeweils letzten Partien einer Gruppe zeitgleich ausgetragen.

Der Ärger der ganzen Welt hatte sich nach diesem Junitag an Österreich und Deutschland entladen, und auch in den beiden Ländern war die Aufregung groß. Aber war im Grunde nicht etwas vollkommen Nachvollziehbares passiert? Hatten sich da nicht zwei Nachbarn, in Hass-Liebe verbunden, verbrüdert, als es wirklich darauf ankam? Hans Krankl sagte nach dem Spiel: »Nummer eins: Österreich ist qualifiziert, das ist für uns das Wichtigste. Natürlich hätten wir die Deutschen gerne nochmal rausgehauen, aber wir waren körperlich nicht mehr in der Lage.«

Es war immerhin das dritte Gruppenspiel, da kann die Luft schon mal knapp werden. Nach dem frühen 1:0 für Deutschland, das beiden Mannschaften fürs Weiterkommen genügte, schoben sie sich den Ball nur noch zu. Das Spiel zwischen Chile und Algerien, das Deutschland im ersten Spiel überraschend 2:1 geschlagen hatte, war bereits am Tag zuvor ausgetragen worden. Bliebe es bei diesem Endstand, war Algerien ausgeschieden. Es sei kein im Vorfeld abgekartetes Spiel gewesen, sagen die österreichischen wie deutschen Spieler auch heute noch unisono, aber sie hätten sich auf dem Weg in die Kabine auch nicht auf die Zunge gebissen. Nur der junge Walter Schachner, so will es die Legende und vor allem er selbst, hatte von all dem nichts mitbekommen. So lief er auch in der zweiten Halbzeit wie aufgezogen, und ein zunehmend genervter Hans-Peter Briegel haute ihn ein ums andere Mal um.

»Von einer Absprache weiß ich nichts«, sagte auch der deutsche Mittelfeldspieler Wolfgang Dremmler, »sondern nur, dass sich Herbert Prohaska, gegen den ich gespielt habe, immer weiter zurückgezogen hat. Mir war das recht.« Den Zuschauern nicht. Sie veranstalteten ein gellendes Pfeifkonzert, algerische Fans wedelten mit Geldnoten. Der deutsche Kommentator Eberhard Stanjek stellte aus Protest das Kommentieren ein und ließ die Zuschauer mit dem wahrlich nicht schön anzuschauenden Nicht-Angriffs-Pakt auf dem Rasen allein. Die meisten denken heute, das Spiel sei 0:0 ausgegangen, es ist aber tatsächlich ein Tor gefallen. Nur was für eins! In der elften Minute flankt Pierre Littbarski den Ball auf Horst Hrubesch, der versucht sich an einem Kopfball, erwischt den Ball aber nicht richtig, von seiner Stirn springt der Ball aufs Knie und von dort am verdutzten Friedl Koncilia vorbei ins Tor. In vielen Berichten war die Rede davon, dass die Weltmeisterschaft mit diesem Spiel ihre Unschuld verloren habe.

Edi Finger jr., Sohn der Cordoba-Legende und in den Fußstapfen seines Vaters für den ORF vor Ort, nahm die Schande mit Humor: »Wir haben gelacht und haben uns gedacht: So sind sie. Das sind unsere Kicker!« Der Rest von Österreich hielt es mit dem deutschen Reporter Armin Hauffe, der sich für das Geschehen auf dem Rasen zutiefst schämte. Er beendete seine Reportage im Stile eines Staatsanwalts beim Schlussplädoyer: »Wenn jener Mann, der 1930 die Fußballweltmeisterschaft ins Leben gerufen hat, Jules Rimet, dieses Spiel sehen könnte, ich glaube, er würde die Welt nicht mehr verstehen. Und ich bin schon der Meinung, dass der Deutsche Fußball-Bund nach diesem Spiel insbesondere der ausländischen Öffentlichkeit, aber auch uns allen in der Bundesrepublik, eine Erklärung schuldig sein wird. Denn der Schaden, der dem deutschen Fußball hier von seinen Akteuren – über die Österreicher wollen wir gar nicht mehr reden, das ist im Augenblick ihr eigenes Problem – zugefügt wird, der ist beträchtlich.«

Davon spricht in Österreich heute aber keiner mehr. Das Schöne an der deutsch-österreichischen Geschichte ist, dass man sich aussuchen kann, woran man sich erinnern mag – und was man besser verdrängt. Seit 2004 werden in Österreich T-Shirts mit der Aufschrift »Cordoba 78 – 3:2 für immer« verkauft.

Der Schöne-Welt-Meister oder: Das Leiden mit dem Team

Landskrona ist ein kleines Städtchen im südlichen Zipfel von Schweden. Es liegt an der Öresund genannten Meerenge, die das Land von Dänemark trennt, zwischen Malmö und Helsingborg, und beheimatet knapp 30 000 Einwohner. Die interessanteste Sehenswürdigkeit ist eine Zitadelle, die bekannteste Tochter der Stadt ist Siw Malmkvist, eine Schlagersängerin, die 1964 mit dem Titel »Liebeskummer lohnt sich nicht« auch den Deutschen Trost gespendet hat. Der städtische Fußballverein kickt in der zweiten schwedischen Liga. Man muss Landskrona also nicht unbedingt kennen. Trotzdem ist das Städtchen durch ein Fußballspiel zu einer bedeutsamen Ortsmarke im internationalen Fußball geworden, und das in einem Spiel ohne schwedische Beteiligung. Es war die Partie, in der das österreichische Team die größte Schmach seiner Geschichte erlebte.

Beppo Mauhart war zu jenem Zeitpunkt Chef des Österreichischen Fußball-Bundes. Als ihn am 12. September 1990 die Nachricht der historischen Niederlage erreichte, weilte er gerade in Venedig. »Gott sei Dank«, sagt der 73-Jährige. Mancher Redakteur in Österreich hielt die Agenturmeldung für einen Übertragungsfehler und machte aus der 1:0-Niederlage einen 0:1-Auswärtssieg. Österreich war vielleicht keine Fußballgroßmacht mehr, aber dass die Mannschaft dieses Match verloren hätte, das schien ausgeschlossen. Es war das Auftaktspiel der Qualifikation zur Europameisterschaft 1992, und für den Gegner mit dem Namen Färöer war es überhaupt das erste Qualifikationsspiel seiner Geschichte. Ein Team aus Mechanikern, Fischern, Bäckern, Lebensmittelprüfern und Abiturienten. Mangels eines eigenen, internationalen Standards genügenden Stadions hatten sie nach Landskrona ausweichen müssen. Sie schlugen die Österreicher mit 1:0. Es war die Stunde null im österreichischen Fußball.

An diesem Tag sah Mauhart die Bedeutung der Seufzerbrücke in Venedig mit völlig neuen Augen, heute schmunzelt er über diesen Tag. Man kann aber nicht genau erkennen, ob er damit nur eine Wunde zu kaschieren versucht, die nie ganz verheilt ist, oder ob sein Lächeln aus der Souveränität und Altersweisheit eines Mannes entspringt, der viele Siege und Niederlagen kommen und gehen gesehen hat. Was im Falle eines ÖFB-Präsidenten eher Zweiteres bedeutet.

Mauhart ist ein Vertreter des alten Wiener Sozialismus, sein Büro liegt direkt gegenüber der Wiener Staatsoper. Ein repräsentativer Präsident, der von der Loge winkt, war er aber nie, sondern ein in der hohen Schule der Diplomatie geschulter, der etwas bewegen wollte. Von 1984 bis 2002 hat Mauhart die Geschicke des österreichischen Fußballs geleitet. Er hat viel für den Sport erreicht, und er liegt ihm – das merkt man – immer noch sehr am Herzen. Er hat den ÖFB mit ruhiger Hand geleitet, und es gibt wenige Stimmen im Land, die ihm Böses nachreden. Doch so viel er auch geschafft hat, dem österreichischen Wankelmut, der Fähigkeit zur Selbstüberschätzung und dem Hang zur Selbstaufgabe war auch er hilflos ausgeliefert. »Die Färöer decken in Wahrheit alle Erfolge wieder zu«, sagt er, »die Mannschaft kam enttäuscht von der Weltmeisterschaft in Italien zurück, sie hatte die selbstgesetzten Erwartungen nicht erfüllt. Kurz darauf mussten wir auf die Färöer, die damals noch unbekannt waren – sie sind im Grunde auch erst durch unsere Hilfe bekannt geworden.«

Sich gegen große Gegner kleiner zu machen, als man ist,

und sich gegen kleine Gegner größer zu machen, als man ist – dazu neigt das österreichische Team der Neuzeit gern. Wer selbst meist unterschätzt wird, möchte eben auch mal unterschätzen. Und immerhin war die Mannschaft doch als Geheimfavorit zur WM nach Italien gefahren, wenn auch als selbst ernannter. In den Vorbereitungsspielen hatte sie gezeigt, dass sie auf hohem Niveau mithalten kann – wenn es um keine Punkte geht. Das Team von Josef Hickersberger, seit Januar 1988 im Amt des Nationaltrainers, hatte Spanien auswärts mit 3:2 geschlagen, Argentinien in Wien ein 1:1 abgerungen und schließlich im letzten Spiel vor der Abreise nach Italien die Niederlande 3:2 besiegt. Das reichte, um sich selbst zu einer möglichen Überraschungsmannschaft des Turniers zu erklären. Heiß und heiter stieg die Mannschaft in das Flugzeug nach Italien – wenige Monate, bevor sie deprimiert und kalt geduscht aus einem ganz anderen Flugzeug aus Schweden kletterte.

Das Unheil hatte sich bereits in Italien angebahnt. Der ansonsten zuverlässige und bodenständige Verteidiger Anton Pfeffer von Austria Wien verschuldete mit einem katastrophalen Rückpass eine 0:1-Niederlage im zweiten Spiel gegen die Tschechoslowakei. Im Grunde lässt sich der ganze Turnierverlauf in die wenigen Worte von Pfeffer packen: »In der ersten Partie hatten wir ein bisschen Pech, obwohl man gegen die Italiener immer 1:0 verlieren kann. Als wir zum zweiten Spiel in Florenz eingelaufen sind, war alles rot-weiß-rot eingefärbt. Die Fans waren wie aufgezuckert, sie wollten einen Sieg sehen. Und wir waren wie gelähmt. Bei meinem Rückpass hab ich die Schwarzwälder Kirschtorte in den Schuhen gehabt und so unsere Heimfahrt beschleunigt.«

Ein Milliardenpublikum vor dem Fernseher, ein volles Stadion in euphorischer Erwartungshaltung, das ist der österreichische Kicker eben nicht gewohnt. Sein Alltag sind

Spiele vor ein paar tausend Zuschauern in kleinen Stadien, ein ausverkauftes Wiener Derby im Hanappi-Stadion vor 17 000 Zuschauern ist da schon Rekordkulisse. In der Mannschaft von 1990 standen zwar Legionäre wie Toni Polster, mit 44 Treffern österreichischer Rekordtorschütze, oder heimische Hoffnungsträger wie Andreas Herzog, die später auch in der deutschen Bundesliga vor 60 000 Zuschauern in Dortmund, München oder Gelsenkirchen bestanden, aber auch sie neigten oft zu phlegmatischen Aussetzern und hatten nicht die Mentalität, eine Mannschaft mitzureißen. Österreich mag, wie es im Text der Bundeshymne heißt, ein Volk sein »begnadet für das Schöne«, ein Volk von Antreibern ist es nicht.

So schaffte es auch niemand, das Ruder herumzureißen, als das Schicksal gegen die Färöer seinen tragischen Lauf nahm. Orientierungslos stolperte das Team in der skandinavischen Dämmerung vor rund 1300 Zuschauern – eigentlich vertraute Verhältnisse – in den Untergang, nachdem der Holzhändler Torkil Nielsen in der 60. Minute das spielentscheidende Tor geschossen hatte. Mehr als ein Lattenschuss des Tirolers Kurt Russ war danach nicht mehr drin. Der dänische Sportjournalist Per Hojer Hansen bezeichnete das Ergebnis später als die größte Sensation seit der Fußballweltmeisterschaft 1950, als die USA mit 1:0 gegen England gesiegt hatten. Nicht nur die Spieler, auch das österreichische Publikum verfiel danach in Schockstarre.

Von bedingungsloser Begeisterung und Hingabe war das Verhältnis der Österreicher zu ihrer Nationalmannschaft ohnehin nie geprägt. Länderspiele erleben sie vielmehr in einer Mischung aus masochistischem Hoffen auf das Versagen der eigenen Mannschaft und aus unter Zynismus versteckter Hoffnung. Man hofft auf einen Sieg, geht aber besser von einer Niederlage aus, denn die Spieler des Teams – so die allgemeingültige Wahrheit – sind stets schlecht, und wenn sie mal besser sind, bestimmt nicht so gut wie damals, vor fünf Jahren, vor zehn oder vor fünfzehn Jahren – oder zu Zeiten des Wunderteams. Daher ist der Österreicher im Falle einer Niederlage auch nicht enttäuscht, er fühlt sich allenfalls bestätigt. Mit dem Bankrott von Landskrona verlor das Team aber seine Glaubwürdigkeit. Aus Hoffnung wurde Häme, aus Enttäuschung wurde Spott. Noch heute verbindet man die Erinnerungen an das Spiel vor allem mit dem Tormann der Färöer, Jens Martin Knudsen, dem Kraftfahrer einer Fischfabrik, der mit einer Art Zipfelmütze auf dem Platz stand. Die Demütigung war komplett. Österreich war die Lachnummer des internationalen Fußballs und das Selbstvertrauen des Teams am Boden. Mauhart wollte seinem Trainer trotzdem eine zweite Chance geben, Josef Hickersberger aber trat zurück und suchte sein Heil später in Düsseldorf und im Nahen Osten. Der ÖFB-Präsident wusste: Jetzt gab es nur noch einen Mann, der das Land davon abhalten konnte, das Team vom internationalen Spielbetrieb abzumelden. Der größte Trainer, den das Land jemals hervorgebracht hat: Ernst Happel.

Es war nicht das erste Mal, dass der ÖFB an Ernst Happel mit der Bitte herantrat, das Nationalteam zu übernehmen, aber bis zu jenem Zeitpunkt hatten sich die Funktionäre nur Körbe eingefangen. »Ich bin Patriot, aber kein Idiot«, soll Happel in seiner für ihn typischen Einsilbigkeit gesagt haben. Der »Wödmasta«, den man ehrenhalber zum Trainerweltmeister ernannt hatte, war Ende der achtziger Jahre nach erfolgreichen Trainerjahren in Deutschland und den Niederlanden nach Österreich zurückgekehrt und hatte dort den FC Tirol zum Meister gemacht. Mit Feyenoord Rotterdam und dem Hamburger SV hatte er den Pokal der Landesmeister gewonnen, er war der mit den meisten Titeln dekorierte Trainer im internationalen Fußball. Nicht nur in Österreich ist so jemand eine Ausnahmeerscheinung, dort aber galt er als eine Art Schwarzenegger des Fußballs. Selbst Josef Hickersberger hatte nach der erfolgreichen Qualifikation für die WM 1990 Happel ehrfürchtig angeboten, ihm das Team zu überlassen. Der aber hatte abgelehnt, er wolle sich nicht mit fremden Federn schmücken. Nach dem Färöer-Desaster jedoch ließ sich der alte Grantler erweichen. Es gab zwei Gründe, die ihn dazu bewogen, den Karren aus dem Dreck zu ziehen und das Team in die Qualifikation zur WM 1994 in den USA zu führen: die Überredungskunst des Beppo Mauhart sowie des damaligen Kanzlers Franz Vranitzky und seine schwere Krankheit. Happel hatte Krebs, den er selbst immer als »Virus« bezeichnete, und es war allen klar, dass dies seine letzte Trainerstation war.

Am 25. März 1992 saß Happel zum ersten Mal als Teamchef auf der Bank, bei einer 1:2-Niederlage gegen Ungarn in Budapest. Jeden seiner Vorgänger hätte die österreichische Presse zumindest mit einer ordentlichen Portion Häme überzogen, jetzt blieben derlei Reaktionen aus. Aus Rücksicht auf seinen gesundheitlichen Zustand, aber auch aus Respekt. Happel auf der österreichischen Trainerbank, das war in etwa so, als wäre Mozart auferstanden, um »Die Zauberflöte« in der Staatsoper zu dirigieren. Kritik von den billigen Plätzen verbot sich von selbst. Mauharts Plan war aufgegangen. Mit Happel, dem einzigen Trainer des Landes von Weltruf, war Ruhe eingekehrt.

Dabei hatte Happel in den fünfziger Jahren noch als Garant für Chaos und Ärger gegolten. Auf dem Fußballplatz war er ein typischer Wiener: genial, aber schlampig. Undiszipliniert, aber mit dem Talent gesegnet, das Spiel zu verstehen und auf jede Situation angemessen reagieren zu können, unberechenbar und eigensinnig, aber immer für einen Schmäh gut. Wenn nicht auf dem Fußballplatz, war er oft im Kaffeehaus anzutreffen oder – wie in seiner Zeit bei Racing Paris – mit Gina Lollobrigida beim Abendessen. Selbst mit der Polizeistube von Montevideo machte Happel Bekanntschaft. Nachdem sie sich auf einer Südamerika-Tour mit Rapid von einem Taxifahrer betrogen gefühlt hatten, wollten Happel, Torwart Walter Zeman und Trainer Uridil nicht bezahlen. Auf der Wache gab sich der verärgerte Happel als Pasterka aus. Der Polizeichef griff zum Telefon und sagte danach: »Ich habe im Hotel angerufen, Uridil und Zeman sind dort bekannt, Pasterka nicht. Der muss dableiben.« Happel übernachtete auf der Wache. Es war die gleiche Reise, auf der er mit dem großen Alfredo di Stefano aneinandergeraten war. »Er foult mich, ich tritt zurück – beide ausgeschlossen. Riesenwirbel im Publikum, Polizei an der Outline mit aufgepflanzten Bajonetten, schaut alles bedrohlich aus. Aber wir versöhnen uns – je 20 Dollar Geldstrafe.«

Auf wie neben dem Platz war es Happel ein Vergnügen zu provozieren, er war deshalb wie geschaffen für die Rolle des Sündenbocks. Für das katastrophale 1 : 6 im Halbfinale der WM 1954 gegen die Deutschen waren schließlich nicht bloß die besseren Stollen an den Schuhen des Gegners verantwortlich, mit Happel war schnell auch ein Sündenbock in den eigenen Reihen ausgemacht. Das Spiel um den dritten Platz erlebte er nur noch von der Bank aus.

Dass er in seiner Lust am Schmäh keine Grenzen kannte, demonstrierte Happel eindrucksvoll vier Jahre später in einem Vorbereitungsspiel auf die bevorstehende Weltmeisterschaft 1958 gegen eine Provinz-Auswahl in Tirol. Beim Spielstand von 14 : 0 forderte er von Spielmacher Ocwirk den Ball und lief damit bis an die Linie des eigenen Strafraums. Von da aus donnerte er den Ball via Innenpfosten ins eigene Tor, für Walter Zeman – zeit seines Lebens einer seiner besten Freunde – gab es nichts zu halten. Die Zuschauer jubelten, und Happel johlte zu seinem überrumpelten Zimmerpartner: »Was willst du sein, der Panther von Glasgow? Des Oaschloch von Hütteldorf bist!« Den Spitznamen Panther hatte Zeman nach einer außerordentlich guten Leistung in einem Spiel gegen Schottland bekommen. Bei der WM in Schweden selbst seilte sich der Freigeist Happel dann an verknoteten Bettlaken über die Außenwand des Mannschaftshotels ab, der damalige Teamchef Josef Argauer stellte ihn für das nächste Spiel aus der Mannschaft und sagte: »Wenn du einmal Trainer wirst, dann wünsch ich dir von ganzem Herzen einen solchen Raubersbua als Spieler, wie du einer bist.«

Bei diesem Turnier ging der Stern des 17-jährigen Pelé auf und der des österreichischen Teams endgültig unter. Im ersten Spiel hatten die Österreicher gegen das neue 4-2-4-System der Südamerikaner kein Konzept und kassierten eine 0:3-Niederlage. Brasilien hatte seine Defensive in einer modernen Raumdeckung organisiert, Österreichs Taktik dagegen war auf dem Stand von 1954 stehen geblieben. Schon zwei Jahre vorher hatten die Brasilianer den Österreichern in Wien sieben Bummerln in den Kasten gesetzt, wovon aber vier wegen Abseits aberkannt worden waren. Am Ende war eine 2:3-Niederlage geblieben, nach österreichischer Interpretation also beinahe ein Unentschieden. Nach dem Spiel in Uddevalla war mit Happel der Schuldige wieder schnell ausgemacht, er blieb beim zweiten Spiel der WM – einer 0:2-Niederlage gegen Russland – auf der Bank. Zum Abschluss spielte die Mannschaft 2:2 gegen England. Es war der letzte Auftritt einer österreichischen Mannschaft bei einer WM für die nächsten zwei Jahrzehnte.

Kurz darauf beendete Happel seine Teamkarriere, am 14. September 1958 streifte er bei einer 3:4-Niederlage gegen Jugoslawien in Wien zum letzten Mal das Teamtrikot über. Er übernahm die Rolle des Sektionsleiters bei Rapid Wien, dem einzigen österreichischen Verein, bei dem er je als Spieler aktiv war. In zwei Spielzeiten wurde Rapid Meister sowie Cupsieger und schaffte es bis ins Halbfinale des Europapokals der Landesmeister. Danach überließ er den Alpenfußball seinem Schicksal und ging ins Ausland.

Als Trainer verkehrte sich Happel in sein Gegenteil, was Disziplin und Einsatzbereitschaft anging. Er ließ Spieler im Regen stehen, wenn sie fünf Minuten zu spät zum Treffpunkt kamen, und wurde zu einem Schleifer, dessen sture Art sich in seinem griesgrämigen Gesicht einkerbte. Seine Kompetenz aber war in ganz Europa über jede Diskussion erhaben. Happel war ein bedingungsloser Verfechter modernen und attraktiven Fußballs, der neue Maßstäbe setzte. Von der damals üblichen Manndeckung etwa hielt er so viel wie von einem ausführlichen Hintergrundgespräch mit Journalisten: »Wer braucht Manndeckung? Mit einem Gegner zusammenhocken wie zwei Homosexuelle oder bis in die Kabine nachrennen wie ein Esel? Wenn ich ein Spieler von einem bestimmten Format bin, brauch ich des net. Oder ist der Beckenbauer jemals jemandem nachgerannt?« Happel scheute im Fußball das Risiko genauso wenig wie außerhalb des Platzes. So erzählte Günter Netzer, der Happel als Sportdirektor zum Hamburger SV geholt hatte: »Wenn es irgendwo in der Stadt ein Casino gab, waren wir natürlich dort. Die Spieler haben schon gesagt: Die suchen nur Trainingslager aus, wo auch Casinos sind.« Mit seinem knorrigen Charakter war Happel so wienerisch wie die Melange, in seinen Erfolgen hatte er auf Tugenden gesetzt, die so anti-österreichisch waren wie ein Latte macchiato: Risikobereitschaft, Wagemut und Disziplin.

Aber mit dem Team in der deprimierten Verfassung des Jahres 1992 wäre Risiko, das wusste Happel, Harakiri gewesen. Die Mannschaft zu jenem Zeitpunkt zu übernehmen, war Risiko genug. Sein Motto war daher so simpel in der Theorie wie schwierig in der Umsetzung: »Spielt selbstbewusst, traut euch etwas, habt vor niemandem Angst.«

Dabei konnte Happel auf ein an sich gut ausgewogenes Spielersortiment zurückgreifen. In der Abwehr standen unprätentiöse Arbeiter wie Peter Schöttel und Herbert Gager, im Mittelfeld anspruchslose Dauerläufer wie Walter Hörmann oder Peter Artner – und für die genialen Momente hatte Happel Andreas Herzog, Toni Polster und den fragilen Peter Stöger. Happel, ganz Realist, wusste, wo er die Hebel ansetzen musste: im mentalen Bereich. Er wollte vor allem, dass seine Mannschaft nicht »mit einem Beistrich in der Hose« aufs Feld laufe – sprich: nicht mit vollen Hosen. Happel hatte gegen das Kernproblem österreichischer Nationalmannschaften anzukämpfen: Sie zelebrieren Zaghaftigkeit und brechen gerade in entscheidenden Spielen unter dem Druck zusammen, mit Vorliebe auf fremden Plätzen.

Happel versuchte, ein Team zu formen, das seinen Vorstellungen von Disziplin und Selbstvertrauen entsprach, doch die Zeit war zu knapp. Er nahm nur neunmal auf der österreichischen Bank Platz und erlebte vier Niederlagen, drei Unentschieden und nur zwei Siege. Doch sein letztes Spiel, ein 5:2-Sieg über Israel, empfand man im Land als Erleichterung, der Meister habe nun das richtige Rezept gefunden. Am 14. November 1992 erlag er seiner Krankheit. Hinterlassen hat er ein rührendes, in krakeliger Handschrift niedergeschriebenes Vermächtnis, das er im Krankenbett der Innsbrucker Universitätsklinik niederschrieb. Zwei mit Großbuchstaben vollgeschriebene Seiten im Karo-Muster, auf denen steht: »Einsatz – kämpferisch – Verbissenheit – lauffreudig – hohe Aktivität. Diese Punkte fehlen uns Woche für Woche. Solange wir diese

Punkte nicht ins Spiel bringen, haben wir international keine Chance.«

Vier Tage nach seinem Tod traf Österreich in einem Freundschaftsspiel ausgerechnet auf Deutschland, es wurde ein Spiel, das Happel gefallen hätte. Die Mannschaft lief für ihren toten Trainer, sein Markenzeichen, ein Kapperl des Sponsors »Funkberater«, lag auf der Trainerbank. Das Spiel endete 0:0, die Hosen der Österreicher blieben sauber. Doch schon kurz nach dem Tod der Autoritäts- und Integrationsfigur rissen wieder die alten Gewohnheiten ein. Vereinstrainer maulten über die Trainingspläne des Teams, Herbert Prohaska – einst von Happel zum U-21-Teamchef berufen – übernahm das Nationalteam und verpasste die Qualifikation für die USA.

Es sah nicht so aus, als würde das Team noch ein Comeback schaffen können, wie das nach dem Zweiten Weltkrieg gelungen war. Damals hatte das Land noch für kurze Zeit an die ruhmreichen Erfolge der zwanziger und dreißiger Jahre anknüpfen können. Ein erstes Ausrufezeichen war der 13. Dezember 1950 mit einem 1:0-Sieg über die Schotten – zum ersten Mal gewann ein nichtbritisches Team gegen die Männer von der Insel auf deren heimischem Terrain. Als die Österreicher ein knappes Jahr später den Engländern ein 2:2 abrangen, verkündete der »Kurier« stolz: »Die Wiener Schule hat wieder die einstige Weltgeltung erlangt.« Ein Trugschluss, wie sich herausstellen sollte, und ein frühes Beispiel dafür, wie gern man in Österreich die Realität durch Wunschdenken ersetzt. Jedenfalls wenn es um die Leistungsstärke des Teams geht.

Schon die Niederlage gegen die Deutschen 1954 zeigte: Die Zeit des Scheiberlns war vorbei. Zum Erfolg war mehr nötig als die bloße Ballbeherrschung und ein paar Geniestreiche eines Matthias Sindelar, der internationale Fußball wurde immer taktischer und körperbetonter. Zum österreichischen Spiel passt das nicht. Es harmoniert vor allem nicht mit dem Wiener Hang zur Improvisation, und zu dieser Zeit – und noch bis weit in die siebziger Jahre hinein – bestand das österreichische Team fast ausschließlich aus Wiener Spielern. Der Wiener grätscht nicht um den verlorenen Ball. Ihm ist das Ergebnis auch schneller mal egal, sich bei hoffnungslosem Rückstand bis zur letzten Minute zu verausgaben, das machen Spinner. In der Hauptstadt mag man die Show, nicht unbedingt das Ergebnis. Man liebt den Effekt, aber nicht unbedingt die Effektivität. Und deshalb muss man die Worte von Friedrich Torberg, der den WM-Titel der Deutschen als Sieg »der auf den Endsieg gedrillten Roboter über die Vertreter der Fußballästhetik« bezeichnete, auch weniger als verletzten Stolz verstehen, es spricht daraus vielmehr die altbekannte Überzeugung moralischer Überlegenheit.

»Das ist eine zutiefst wienerische Einstellung«, bestätigt Matthias Marschik, und er muss es wissen. Marschik beschäftigt sich als Wissenschaftler seit Jahrzehnten mit der runden Kugel und der Stadt, durch die sie rollt. Er hat zahlreiche Bücher zum Fußball, zur österreichischen Geschichte und zur Besonderheit des Wienerischen veröffentlicht. Sein Großvater hat den alten Fußballplatz der Admira in Floridsdorf gebaut, Marschik selbst ist seit jeher Fan des Simmeringer FC, eines kleinen Arbeitervereins, der seine große Zeit lange hinter sich hat. Der 51-Jährige entstammt einer Funktionärsfamilie, raucht gerne und hat auch nichts gegen einen guten, trockenen Zynismus, wenn er angebracht ist. Der Historiker ist der fleischgewordene Widerspruch zwischen Hoffnung und Resignation, die die Österreicher ihrem Fußball entgegenbringen.

»Im Grunde hat das bereits 1951 begonnen«, sagt er, »beim ersten Aufeinandertreffen von Österreich und Deutschland nach dem Zweiten Weltkrieg. Alle waren überzeugt, Österreich wird locker gewinnen. Aber dann verliert man 0:2. Ich denke, dieses Match wird sehr unterschätzt. Damals ist viel passiert. Es gab in Österreich die große Diskussion um das Spielsystem: Spielen wir WM-System oder mit fünf Stürmern? Nach einer Niederlage hieß es, wir müssen endlich auf das moderne System umstellen, das die Deutschen und andere europäische Mannschaften schon längst spielen. Und bei jedem Sieg – und war es auch nur ein 1:0 gegen einen unterklassigen Gegner – hieß es danach, dass sich das Wiener System doch bewährt. Dieses Misstrauen gegenüber neuen Systemen und Methoden lässt sich auch auf die Gegenwart umwälzen.«

Seither ist man in Österreich meist ein paar Jahre zu spät mit den Reformen, und an der Art, bedeutungslose Siege hochzuloben, hat sich auch wenig geändert. Es braucht meist ein paar Klatschen, bis man die Zeichen der Zeit erkennt, dass eine Veränderung unvermeidbar ist. Lieber bewertet man erfolgreiche Freundschaftsspiele positiver, als notwendig wäre, und wähnt sich in erfolglosen Pflichtspielen vom gemeinen Schicksal betrogen. Oft spielt der Österreicher dann gut, wenn er vom Druck einer Aufgabe wie der einer WM-Qualifikation befreit ist. Wenn er gar nicht erst scheitern kann, darf er alles. Kann er alles. Wenn niemand etwas von ihm erwartet, dann läuft er zur Höchstform auf. Ein Resultat schaffen zu müssen, die Erfüllung einer Vorgabe, hindert ihn an der Entfaltung seines Schaffens.

Die Geschichte des so genannten »Zweiten Wunderteams« ist so ein Beispiel. Vor der WM 1962 in Chile war der ÖFB einer Qualifikation gleich ganz aus dem Weg gegangen. Man meldete die Nationalmannschaft – einmalig in der österreichischen Fußballgeschichte – gar nicht erst an. Die Funktionäre schämten sich nicht, mangelnde Wettbewerbsfähigkeit anzuführen, auch wenn ein wesentlicher Grund das Veto von Rapid, der Austria sowie des Wiener Sportclubs war, die sich von Auslandsreisen ihrer Mannschaften mehr Einnahmen versprachen. In den Freundschaftsspielen entstand aber eine österreichische Mannschaft, die von Erfolg zu Erfolg eilte. In der qualifikationsfreien Zeit schaffte die von Karl Decker trainierte Mannschaft um den Rapidler Gerhard Hanappi eine beeindruckende Siegesserie. Wenn es um nichts geht, ist Österreich hellwach. Man gewann neun von zehn Freundschaftsspielen, zu dieser Zeit noch durchaus ernsthaft betriebene Ländervergleiche. Es ging nicht um Punkte, sondern ums Prestige. Insgesamt winkte die Nationalmannschaft 1960 folgenden Gegnern mit der Souveränität des Siegers hinterher: Schottland (4:1), Sowjetunion (3:1) und Spanien (3:0) vor 90 726 Zuschauern im später verkleinerten Wiener Praterstadion, bis heute Zuschauerrekord für ein österreichisches Länderspiel. In Neapel wurde Italien 2:1 geschlagen, im Jahr darauf folgte ein 3:1 gegen England in Wien, Ungarn wurde zweimal 2:1 besiegt, bevor man schließlich einen 1:0-Erfolg beim damaligen Europameister Russland landete.

Die folgenden Qualifikationen für Welt- wie Europameisterschaften wurden allesamt verpasst, und dabei reifte in Österreich die Überzeugung, Prügelknabe des Schicksals zu sein. Der österreichische Kabarettist Werner Schneyder hat es einmal so bezeichnet: »Es gibt eine spezifische Wehleidigkeit. Das ist das Typische am österreichischen Fußball. Das Delegieren von Verantwortung an geheime Mächte. Die Götter sind gegen uns. Grundsätzlich. Man kann ihnen hie und da einen Streich spielen. Aber im Prinzip sind sie gegen uns.«

Am 27. November 1973 war wieder so ein Spiel, bei dem die Götter offenbar ganz genau hingeschaut haben. Es ging gegen Schweden um die Teilnahme bei der WM 1974 in Deutschland. Am Ende der Qualifikationsrunde lag Österreich mit den Skandinaviern mit gleicher Punktezahl und Tordifferenz auf Platz eins der Tabelle. Ein Spiel auf neutralem Boden musste entscheiden, und es war den Rot-Weiß-Roten wieder zu viel. Dabei hatten sie sich so gut vorbereitet. Die Meisterschaftsrunde wurde unterbrochen, die Mannschaft zog mit ihrem Trainer Leopold Stastny in ein fünftägiges Trainingslager. Der gebürtige Slowake galt als einer der Revolutionäre der Trainerausbildung, auf seine Initiative ging die Einführung der »Schülerliga« zurück, einer Meisterschaft, die den Nachwuchs an Schulen zum Fußball führen sollte. Dass er heute keinen andächtigeren Platz in der österreichischen Fußball-Geschichte einnimmt, liegt nur an einem Grund: seiner Erfolglosigkeit als Trainer des Teams, das er von 1968 bis 1975 betreute.

Und seine bitterste Niederlage ereilte den Charismatiker mit dem schlohweißen Haar in Gelsenkirchen. Bevor die Österreicher ihre Nervosität ablegen konnten, lagen sie gegen die Schweden nach einer halben Stunde auf schneebedecktem Boden bereits mit zwei Toren zurück. Und einen Rückstand aufzuholen, war noch nie die Stärke österreichischer Mannschaften. Es ist wahrscheinlich kein Zufall, dass in diesem Spiel mit Roland Hattenberger ein kerniger Tiroler, der beim VfB Stuttgart für das Grätschen und nicht unbedingt fürs Toreschießen zuständig war, den Anschlusstreffer erzielte. Er übersprang die schwedische Abwehr und versenkte einen Kopfball. Österreich stürmte weiter. Der Ausgleich wollte nicht mehr fallen.

»Es gab sogar Phasen, in denen wir gar nicht den Ehrgeiz hatten, an einer WM teilzunehmen, weil kein Geld in der Kasse war«, sagt Beppo Mauhart, »beim Entscheidungsspiel für die WM 1978 gegen die Türkei in Izmir, das wir 1:0 gewannen, meinte der Präsident damals: Jetzt hat ein Unglücksrabe den Spitz hingehalten, und wir müssen fahren!« Unter anderem nach Cordoba, wo dann ein einziges Spiel ausreichte, um eine ganze Nation jahrelang in Sicherheit zu wiegen, dass mit dem österreichischen Fußball alles in bester Ordnung sei. Erst nach Debakeln wie gegen die Färöer kommt man zur Einsicht, dass es nicht mehr schlimmer geht. Aber an diesem Punkt unterschätzt man den österreichischen Fußball.

1998 qualifizierte sich das Team unter seinem Trainer Herbert Prohaska für die WM in Frankreich. Dass wieder einmal eine Mannschaft aus Österreich zu einem Weltturnier aufbrach, war Balsam auf die heimische Fußball-Seele, der aber nur für einen kurzen Moment Linderung verschaffte. Schon kurz darauf blutete das rot-weiß-rote Herz erneut, und wie. Es brauchte diesmal noch nicht mal einen Fußballzwerg von der Insel. Guten Testspielresultaten folgte ein ernüchterndes Abschneiden bei der WM. Die überalterte Mannschaft trat nach der Vorrunde mit einer Niederlage gegen Italien und zwei Unentschieden gegen Kamerun und Chile wieder die Heimreise an. In der Zeit nach der WM verlor sie jedoch von fünf Partien kein Spiel und schaffte gegen den Weltmeister Frankreich ein 2:2 in Wien. War das Abschneiden bei der WM vielleicht nur ein Versehen und Österreich noch immer Teil des Establishments?

Der 27. März 1999 zeigte: nein, wahrlich nicht. Es ging zum EM-Qualifikationsspiel gegen Spanien nach Valencia – und mit einem 0:9-Debakel im Gepäck wieder nach Hause. Im internationalen Fußball stand Österreich in der Gegentreffer-Quote jetzt auf einer Stufe mit San Marino oder, na ja, den Färöern. Beinahe jeder spanische Angriff landete im Tor, die einzige gelungene Ballstafette der Österreicher war das Weiterreichen des Balles zum erneuten Ankick. Niemand aus der Mannschaft stemmte sich gegen den Untergang.

»Mit aufrechtem Gang verlieren zu können, das liegt uns nicht unbedingt«, sagt Mauhart, der zu diesem Zeitpunkt zwar nicht in Venedig weilte, aber auch in diesem bitteren Moment zu seinem Trainer Herbert Prohaska stand. Der aber wusste, dass er mit so einem Ergebnis nicht weiter Teamchef bleiben konnte. »Es war nicht meine schlimmste, aber meine peinlichste Niederlage«, gestand Herbert Prohaska später, »sie wird mich bis an mein Lebensende verfolgen. Ich kann mich allerdings an keine vergebene Chance der Spanier erinnern. Wir sind zu optimistisch nach Spanien gefahren und sind auf eine Mannschaft getroffen ... es gibt eben Tage, an denen den einen alles gelingt und den anderen gar nichts.«

Es ist die zweite historische Niederlage, die sich tief in das kollektive Gedächtnis des Landes eingegraben hat. Spätestens ab jetzt war das Verhältnis zum Team schwer zerrüttet. Man verzeiht einen Betrug vielleicht einmal, aber bestimmt kein zweites Mal. Haben die Pleiten der Nationalmannschaft den Zuschauern den letzten Zahn gezogen? Ja und nein, sagt Matthias Marschik.

»Die Lust am Spektakel«, meint der Wissenschaftler, »ist nach wie vor da, aber es gibt die Spektakel nicht mehr im Fußball. Was definiert man als Spektakel? Wenn ich ein Beispiel nennen darf: Simmering hat es in der Regionalliga bis ins Sechzehntelfinale des Pokalbewerbs geschafft. Dort ist man auf Austria Salzburg getroffen, wo damals Toni Polster gespielt hat, der seine ersten Schritte bei Simmering gemacht hat. Mit Andreas Ogris war ein ehemaliger Mitspieler von Polster Trainer bei Simmering. Da spielen zwei ehemalige Simmeringer gegeneinander, und ein Kleiner gegen einen Großen. Das ist ein Spektakel! Bei diesem Spiel waren statt 1500 etwa 6000 Zuschauer. Diese Lust ist nach wie vor da, nur die Nationalmannschaft kann in den seltensten Fällen ein Spektakel bieten. Aber wenn es darum ginge, dass Österreich in der WM-Qualifikation das letzte Spiel gewinnen müsste, um bei der WM dabei zu sein, dann wäre das Stadion dreimal ausverkauft.«

So eint das Team zumindest die Schönwetter-Mentalität mit seinem Publikum. Die Mannschaft spielt zumeist gut, wenn es um nichts geht. Das Publikum kommt nur, wenn es um alles geht, und geht danach enttäuscht nach Hause, weil das Team diese Spiele meistens verliert. Eine fatale Kombination. Aber der Fußball hat es sich selbst zuzuschreiben. Zuerst kürt er das Scheiberlspiel zum obersten Prinzip und lockt die Massen ins Stadion, die bei einem Unentschieden vor Zorn und Enttäuschung pfeifen. Dann hält er am Scheiberln fest, während alle Welt mit modernen Systemen an ihnen vorbeirauscht, und verliert allmählich das Selbstvertrauen. Innerhalb eines halben Jahrhunderts wird so aus einem WM-Favoriten ein Team mit 22 schlotternden Knien, das einen Torwart mit Zipfelmütze nicht überwinden kann. Das Team hat sich so in eine Lage manövriert, in der nicht nur jedes Punktspiel, sondern mittlerweile auch jedes freundschaftliche Länderspiel zu einer nervlichen Zerreißprobe wird. Das handschriftliche Vermächtnis des Ernst Happel ist längst auf dem Altpapierhaufen der Geschichte gelandet.

Ein Jahr nach seinem Tod ist das Wiener Praterstadion nach ihm benannt worden. Es war die letzte Reminiszenz an den alten Meister, der zu wenig Zeit hatte, den Österreichern ihr Selbstvertrauen zurückzugeben. So haben aus der Vergangenheit nur die alten Ansprüche überlebt, die sich in den zumeist spärlich besetzten Sitzreihen offenbaren. Der Österreicher – so heißt es – geht eben nur in die Oper, wenn der Pavarotti singt. Aber der kommt jetzt ja auch nicht mehr.

Rettet das Spektakel! – Der Bandenzauber in der Wiener Stadthalle

Wenn es Winter wird, zeigt sich Österreich von seiner prächtigsten Seite. Nicht, dass das Land im Sommer nicht auch seine Vorzüge hätte. Aber in der kalten Jahreszeit verwandeln sich die grünen Berge von der Steiermark bis Vorarlberg in schneebedeckte Hänge, die Millionen von Touristen in das Alpenland ziehen. Vom Semmering im Osten bis in die Tiroler Alpen im Westen werden die Skier gewachst und die Gästestuben auf Vordermann gebracht. Die Berichterstattung im TV verlagert sich auf eindrucksvolle Panoramablicke und auf die Erfolge der Athleten des österreichischen Skiverbandes ÖSV, der in den letzten Jahren im alpinen Sport eine so dominierende Stellung eingenommen hat, wie sie die italienische, die spanische oder die englische Liga im Fußball innehaben. Die Nachwuchsarbeit beim ÖSV ist vorbildlich, seine Infrastruktur auf dem modernsten Stand, seine ökonomische Basis ist gefestigt, und wenn es ein Problem gibt, regeln es die alpinen Patriarchen meistens intern. Alles andere als ein Medaillenregen bei Weltmeisterschaften und Olympischen Spielen ist eine Enttäuschung im Land. Die heimischen Fußballer mögen selten den schnellsten Weg zum Tor finden, aber wenn es darum geht, auf dem schnellsten Weg einen Berg runterzuflitzen, macht ihren Kollegen auf zwei Brettern keiner etwas vor.

Der Wintersport rettet die Ehre der Nation und macht auf unmissverständliche Weise klar, dass es einen Sport gibt, in dem die Nation die absolute Weltspitze ist. Wie der weiße Zucker die jungfräulichen Tiefschnee-Pisten verzaubert, versüßen die Triumphe der Skifahrer, bei denen drei Österreicher auf dem Siegertreppchen keine Seltenheit sind, das österreichische Gemüt. Wenn es ein deutscher Fahrer mal schafft, sich unter den ersten 20 zu platzieren, klopfen ihm seine österreichischen Kollegen aufmunternd auf die Schulter. Der Fußball mit seinen oft wenig schmeichelhaften Ergebnissen und Ereignissen rückt in den Hintergrund der öffentlichen Wahrnehmung. Zumindest bis in die Weihnachtszeit. Dann findet ein Ereignis statt, das in Österreich mindestens so verehrt wird wie das Hahnenkamm-Rennen von Kitzbühel.

Das Wiener Stadthallenturnier heißt im Volksmund schlicht »Die Stadthalle«. Die Frage »Gehst du in die Stadthalle?« bedeutet in der Hauptstadt im Dezember nicht, ob man sich ein Konzert in dem 1958 fertiggestellten Veranstaltungskomplex ansieht, ob man der »BA-CA Tennis Trophy« beiwohnt, dem seit 1974 ausgetragenen Tennisturnier, oder ob man im angrenzenden Schwimmbad seine Längen im Wasser zieht. Jeder in der Donaumetropole weiß, was mit der Frage gemeint ist: »Die Stadthalle« – das ist das Fußballturnier. Und darauf ist man stolz. Weil es eines der ersten seiner Art in Europa war, und vor allem, weil hier traditionell eine ganz besondere Form des Hallenfußballs gespielt wird.

Erfunden wurde das Stadthallenturnier Ende der fünfziger Jahre vom Sportjournalisten und Ex-Teamchef Josef Argauer. Der Beweggrund war weniger ein sportlicher denn ein finanzieller. Die Wiener Vereine hatten sich in ihrer Geschichte stets mit Auslandsreisen und Gastspielen finanzielle Zuschüsse erspielt, aber Ende der fünfziger Jahre wurde das zunehmend schwierig. Neue Einnahmequellen mussten erschlossen werden. Argauer erinnerte sich eines Hallenkicks, den er in England gesehen hatte, und rief das Wiener Stadthallenturnier ins Leben.

Austragungsort ist seit jeher der flache Betonbau am Vogelweidplatz im 15. Gemeindebezirk, der in den Jahren 1953 bis 1958 vom Architekten Roland Rainer entworfen wurde. Am 13. Februar 1959 ging die Premiere über die Bühne, mit dabei waren der WAC, der Simmeringer FC und die beiden Mannschaften, die – nach ersten Hürden – stets die Eckpfeiler des Turniers bildeten: Rapid und Austria. An den drei Veranstaltungstagen fanden sich mehr als 20 000 Zuschauer ein, Sieger wurde die Austria, deren technisch ausgereifter Stil in der Halle schon früh am besten zur Geltung kam.

Die Erfolgsformel setzte sich aus mehreren Punkten zusammen: dem Holzboden, den Finten und Kabinettstückerln, Ergebnissen im zweistelligen Bereich, der engen Atmosphäre der Zuschauerränge, dem Geruch von Rauch und Bier, der den Akteuren das Laufen auf dem etwa 50 mal 30 Meter großen Feld erschwerte. In der Stadthalle lebte das Wiener Scheiberlspiel fort, umgeben von einer begeisterten Masse.

1971 beehrten die Bayern um Franz Beckenbauer das Turnier, das sie prompt gewannen – Höhepunkt war ein heftig bejubeltes 5:5 zwischen den Münchnern und Rapid. Die Austria glänzte durch Abwesenheit. Denn sosehr das Turnier Gefallen fand in der Öffentlichkeit und unter den Spielern, sosehr zierten sich die beiden Wiener Großvereine Austria und Rapid in jenen Jahren. Entweder fürchteten die Klubs die Verletzungsgefahr für ihre Akteure, oder sie fühlten sich ungerecht behandelt. Sie versuchten, Geld für sich herauszuschlagen, und erklärten sich nur bei der richtigen Summe zur Teilnahme bereit, wobei der Erzrivale jeweils nicht wissen durfte, zu welchem Betrag. Die Gewissheit, dass gerade die Derbys der Höhepunkt jedes Turniers waren und die kleinen Wiener Vereine lang nicht so viele Fans in die Halle locken konnten, stärkte ihnen den Rücken. So blieb Rapid dem Turnier in den Jahren von 1966 bis 1969 fern, die Austria verzichtete insgesamt sechsmal auf eine Teilnahme. Den Stadthallenchefs raubte die divaeske Attitüde der beiden Vereine zunehmend den Nerv, und sie dachten immer wieder darüber nach, ob es überhaupt einen Sinn habe, unter diesen zermürbenden Bedingungen das Turnier auszutragen. Vierzehn Jahre nach der Premiere stand die Stadthalle trotz steigender Beliebtheit erstmals vor dem Aus.

Die Rettung kam vom »Kurier«. Die Zeitung übernahm die Patronanz über das Stadthallenturnier und brachte die beiden Streithähne zu einem Konsens. Umgerechnet je siebentausend Euro Startgeld gab es für die Grün-Weißen und die Violetten, während sich die anderen teilnehmenden Vereine mit weniger zufriedengeben mussten, für sie war schließlich eine Teilnahme Lohn genug. Der Reingewinn floss allen Vereinen zu.

Unter diesen Voraussetzungen fand das Turnier an drei Tagen Ende Dezember 1973 statt. Mit großem Erfolg. Zwar gelang es nicht mehr, internationale Star-Ensembles vom Schlage Bayern Münchens um die Jahreswende nach Wien zu lotsen, aber das war auch gar nicht notwendig. Wien genügte sich selbst. In der Stadthalle lebte die Vor- und Nachkriegszeit wieder auf, in denen die Fußballfans in der Stadt die Qual der Wahl hatten, zu welchem Derby man sich am Wochenende aufmachte. Vereine wie Vienna, der Wiener Sportclub, der Simmeringer FC oder der Favoritner AC, die für die beiden Riesen Rapid und Austria auf dem grünen Rasen allmählich zum Sparrings-Partner wurden, waren in der Halle immer für eine Sensation gut. Der Reiz des Turniers lag stets in den Überraschungen, für die vermeintliche Underdogs sorgten. Die Halle hatte ihre eigenen Gesetze.

Vor allem ein Name ist heute mit der großen Zeit des

Hallenfußballs verbunden: Herbert Prohaska. »Primgeiger« oder »Hallenkönig« waren Zusätze, die Prohaskas Siegeszüge durch die Wiener Stadthalle im Blätterwald widerspiegelten. Zehnmal wurde der Ex-Austrianer zum Spieler des Turniers gewählt, und wenn es eine Zeit gab, an die sich der Rapid-Anhang mit Grauen erinnert, dann ist es die Zeit von 1978 bis 1985. Achtmal in Folge gewannen die Violetten in dieser Ära das Turnier – kurzzeitig auch ohne Prohaska, der von 1980 bis 1983 als Legionär in Italien weilte. Inter Mailand hatte den wegen seiner Lockenpracht »Schneckerl« genannten Techniker als ersten Ausländer verpflichtet, nachdem die italienische Liga für Legionäre geöffnet worden war – sein Mitbewerber war ein gewisser Michel Platini gewesen. In diesen drei Jahren, von denen er das letzte beim AS Rom verbrachte und dort den Meistertitel feierte, konnte Prohaska seiner liebsten Winterbeschäftigung nicht nachgehen. Verlernt hatte er es trotzdem nicht, wie er nach seiner Rückkehr unter Beweis stellte. Es hat seither keinen Besseren mehr in der Halle gegeben, und die Erinnerungen an diese Bilder sind nicht zuletzt ein Grund dafür, dass er 2004 zu »Österreichs Fußballer des 20. Jahrhunderts« gewählt wurde. Nur einer war mit der Wahl unzufrieden: Prohaskas Vater. Der hatte Sindelar noch spielen gesehen und reihte seinen Sohn hinter dem »Papierenen« ein.

Es schmeichelt Prohaska noch immer, wenn man ihn darauf anspricht. Nicht die Wahl, sondern sein Wirken in der Halle, seinem »Wohnzimmer«. Prohaska lebt heute in Klosterneuburg, im Speckgürtel Wiens, und wenn er selbst einen kleinen tragen sollte, dann verbirgt er ihn unter seinem Hard-Rock-Café-T-Shirt. Von den vielen Sponsorplaketten, die er im Fernsehen an Hemdkragen und Sakko haften hat, ist nichts zu sehen. Er ist mittlerweile Analyst und Experte für Fußballfragen im Staatsfernsehen ORF, im Land sorgen seine trockenen, mitunter holprig vorgetragenen Ausführungen für Erheiterung, vor allem beim jüngeren Publikum. Im Fernsehen ist Prohaska noch nie geschickt rübergekommen. Sein Haar ist kürzer und lichter geworden, aber die älteren Landsleute haben immer noch den begnadeten Alleskönner vor Augen, der die Kugel so streicheln konnte wie keiner mehr nach ihm. Vor allem in der Stadthalle.

»Wenn der Trainer damals gesagt hat, es gibt drei Trainingseinheiten, haben wir Spieler gesagt: Das ist zu wenig. Wir brauchen mindestens zehn«, erzählt Prohaska, zieht eine Philip Morris aus seiner braunen Herrentasche und steckt sie in den Mund, über dem sein langjähriges Markenzeichen, der Schnauzbart, verschwunden ist. »Heute fliegen die Spieler in die Karibik, damals war das nicht so. Wir waren ohnehin da und haben daher lieber in der Halle trainiert. Deswegen haben wir so gut gespielt – weil jeder gerne gespielt hat.«

Diese Vorliebe mag einen einfachen Grund haben. In der Halle sind Verteidigung und Sturm aufgehoben beziehungsweise ein und dasselbe. Mit fünf Mann wird angegriffen, mit fünf Mann wird verteidigt, wenn auch nicht immer. »Wir waren so gut, dass wir gesagt haben, wer nach dem zweiten Tag die meisten Tore hat, den machen wir zum Torschützenkönig. Der ist dann nicht mehr zurückgelaufen, sondern einfach vorne stehen geblieben.«

Das Schöne an der Halle ist, dass es »im Grunde keine Taktik gibt«, sagt Prohaska, der deutschen Hallenfußball »zum Einschlafen« findet. Auf dem Holzparkett dürfen die österreichischen Kicker gaberln und tricksen, ohne Rücksicht auf ein taktisches Korsett nehmen zu müssen. Bei der Neuaustragung des Turniers im Jahre 1973 wurde ein unbekannter Spieler namens Karl Reschützegger zum Publikumsliebling gewählt, obwohl er bei seiner Mannschaft Simmering auf dem Feld nicht zur ersten Garnitur zählte. Die Zuseher goutierten seine akrobatische Fähigkeit, mit dem Ball Kunststücke anzustellen. Prohaska hat selbst mit Reschützegger in Kaffeehausmannschaften in diversen Hallen der Stadt gespielt, obwohl das den Bundesligaspielern eigentlich verboten war. Aber lieber hat Prohaska eine Geldstrafe riskiert, als diesen Spaß aufzugeben. Er hat auch keinen Zweifel daran, dass seine Austria in der Glanzzeit jede europäische Top-Mannschaft vom Parkett geputzt hätte. Die Liebe zu seinem Hallenkönigreich ging sogar so weit, dass er mit 39 Grad Fieber die Schuhe schnürte. Als der Klubmasseur das dem Trainer mitteilen wollte, warnte ihn Prohaska: »Wenn du ihm das sagst, bist weg als Masseur.«

Ein starres Konzept hatte die Stadthalle ebenso wenig wie der Fußball, der in ihr gespielt wurde. Munter wurden die Modi gewechselt, mal jeder gegen jeden, mal in Zweiergruppen, mal mit Hin- und Rückrunden, mal mit mehr, mal mit weniger Gastmannschaften aus der Umgebung Wiens, die ihre Anhänger mit in die Halle bringen sollten. Die sich gegenüberliegenden Fanblöcke der Rapid- und Austria-Fans sorgten für den entsprechenden Wirbel, auch wenn das nicht immer schön anzuhören war. Die Rapidler beschimpften die Gegner als »FC Gulasch«, diese revanchierten sich mit einem »FC Jugo« – sie spielten damit auf die Abstammung der Legionäre aus Ungarn und Jugoslawien in den jeweiligen Reihen an.

Prohaska beendete 1989 seine aktive Laufbahn, um im Jahr darauf die Austria als Coach zu übernehmen. Die Zeit der Kabinettstückerl neigte sich allmählich ihrem Ende zu. Das kampferprobte Spiel fand Einzug auch in die Stadthalle, aber dem Zuspruch tat das vorerst keinen Abbruch. 1995 sorgten knapp 56 000 Zuschauer für einen Zuschauerrekord.

1998 übernahm die österreichische Bundesliga das Kommando über das Hallenturnier und rief den Hallencup ins Leben. Die Idee der Liga war es, den Zauber des Hallenfußballs allen Österreichern schmackhaft zu machen. Das Stadthallenturnier wurde Teil eines Hallen-Masters, das jährlich in drei verschiedenen Städten ausgetragen wurde. In Graz, der steirischen Hauptstadt, erlebte der Hallenkick den stärksten Zuspruch, weil es dort bereits seit den siebziger Jahren ein ähnliches Turnier gab, das mit dem Derby zwischen dem Grazer AK und Sturm Graz sein Highlight hatte. Die dritte Stadt des Hallencups wurde Jahr für Jahr neu bestimmt. Aber die Mannschaften aus der Region, die in Dornbirn oder Linz aufliefen, zogen keine Zuschauer an. Auch das Echo auf die Veranstaltung in Klagenfurt war überschaubar, die Kärntner gehen – wenn sie denn schon in eine Halle müssen – traditionell lieber zum Eishockey.

Und die Wiener Zuseher waren auf die Provinztruppen nicht neugierig, immerhin war die Stadthalle die Stadthalle. Einmalig und eigenständig. Anstatt die Zeichen der übersichtlichen Zuschauerzahlen zu deuten, warf die Liga immer neue Ideen ins Feld. So trat 2002 ein »Billa«-Team in der Stadthalle an. Die Auswahlmannschaft der Ersten Liga, benannt nach einer Einzelhandelskette, gewann prompt. 2004 spielte man erstmals am Neujahrstag, und während auf dem Parkett getrickst wurde, unterhielt der bekannteste Zauberer des Landes, »Magic Christian«, die Gäste im VIP-Bereich.

Bald aber hatte es sich ausgezaubert. 2005 stand Ärger ins Haus. Mochte Franz Beckenbauer auch behaupten, dass »das Stadthallenturnier zu Wien gehört wie die Weißwurst zu München«, die Spieler von Rapid und Austria kannten weder das eine noch das andere. Deren Kader setzten sich immer weniger aus den Wiener Kickern zusammen, die bereits als Knirpse von ihren Großvätern in die Halle mitgenommen worden waren und in den Nachwuchsmannschaften der Liebe zum Indoor-Kick verfallen waren. Sie bestanden jetzt großteils aus Legionären. Denen war der Vogelweidplatz zwar immer noch näher als die Karibik, aber weit weniger verlockend. Die Austria trat nur mit einer Mannschaft an, in der vorwiegend Amateure spielten. Die Violetten, mit 18 Titeln einsamer Turnier-Rekordhalter und aufgrund ihrer Geschichte quasi zum Brillieren auf dem Parkett verpflichtet, sägten mal wieder an ihrer eigenen Geschichte.

»Da hat der Trainer die Mannschaft gefragt: Wer möchte spielen? Und ein paar Spieler haben aufgezeigt«, sagt Prohaska. »Bei uns war das gar nicht die Frage. Bei uns wollten alle spielen.« Vor dem Turnier hatte die Bundesliga noch mit der Ankündigung geprotzt, es werde eine TV-Berichterstattung von etwa 50 Stunden auf Premiere und dem Privatsender ATV+ geboten. Danach verschickte sie eine lapidare Meldung, in der es hieß: »Präsidentenkonferenz beschließt: Bundesliga beendet T-Mobile Hallencup … Ausschlaggebend dafür waren vorwiegend die schon im Vorfeld andiskutierten Terminfragen und die damit im Zusammenhang stehenden Vorbereitungen der österreichischen Nationalmannschaft auf die Heim-EM 2008.«

Vielmehr steckte eine andere Wahrheit dahinter: Statt das Spektakel in die Länder hatte die Liga den Hallenfußball zu Grabe getragen. 2006 quietschen erstmals seit der Gründung vor 47 Jahren keine Gummisohlen mehr auf dem Parkett der Stadthalle.

Es bedurfte eines Steirers, damit die Stadthalle nicht in den Sog der Vergessenheit geriet. Heinz Palme verbindet mit dem Turnier schönste Kindheitserinnerungen: »Nach der Schule, nach dem Skifahren – Fernsehen an und Hallenturnier gucken. Ein Riesenhighlight.« Palme war lange

Jahre Mitarbeiter des ÖFB, bei FIFA und UEFA, danach arbeitete er als »General Coordinator« der Fußball-WM 2006 in Deutschland. Wegen seiner zahlreichen Verbindungen und Erfahrungen ist er zum »General Coordinator« der Europameisterschaft in seinem Land gemacht worden. Es passiert wenig im nationalen wie internationalen Fußball, worüber Heinz Palme nicht Bescheid weiß. Wenn der besonnene Steirer spricht, hören ihm alle Parteien zu.

Seit 2001 war er bereits mit seiner Firma »Heinz Palme Management« mit der organisatorischen Umsetzung des Hallencups betraut. Der gewiefte Stratege brachte Rapid, die der Auftritt einer violetten B-Garnitur verärgert hatte, und Austria nach dem Trauerjahr 2006 an einen Tisch. Im Januar 2007 wurde in Wien wieder auf dem Parkett gezaubert. Mehr als 30 000 Zuschauer wollten an den vier Spieltagen die Kugel rollen sehen. Neben dem Gast, dem LASK aus der oberösterreichischen Hauptstadt Linz, waren mit Rapid, Austria, Vienna und dem Sportclub die vier Elefanten der Wiener Szene dabei. Zwar gehe es nicht mehr ohne Show- und Lichteffekte, sagt Palme, aber das Spiel ist das gleiche: Technik, Tempo, Tore. Und auch mit ihren Ungesetzmäßigkeiten konnte die Stadthalle sofort wieder dienen: Torschützenkönig mit zehn Toren wurde der Austrianer Roman Wallner, ein ehemalig großes Versprechen des österreichischen Fußballs, das später jedoch mehr durch seinen unsteten Lebenswandel aufgefallen war und nach Stationen bei Rapid, Hannover 96, Admira Wacker Mödling und Austria im Sommer 2007 beim FC Falkirk in Schottland anheuerte. Zum besten Spieler des Turniers wurde der Ex-Nationalspieler Ivica Vastić vom LASK gekürt – mit 37 Jahren. Und die Austria holte ihren 19. Titel.

»Die Leute haben das Turnier angenommen, als wäre es fünf Jahre weg gewesen«, so Palme, »vielleicht war es auch ein psychologischer Effekt: Es ist nicht mehr der Bundesliga-Hallencup, sondern endlich wieder unser Wiener Stadthallenturnier.« In Graz gab es 2007 zwar ebenfalls Reaktivierungspläne, zwei Monate vor dem geplanten Termin musste das Turnier aber abgesagt werden, wegen mangelnden Sponsoreninteresses. Auch Heinz Palme wollte das nicht stemmen, die Stadthalle war Risiko genug.

»Ich war mit relativ sicher, wenn das Turnier 2007 nicht stattfindet, wird es nie mehr stattfinden. Das wäre schade, denn so viele traditionelle Veranstaltungen haben wir nicht in Österreich«, sagt er.

Die Renaissance war jedoch von kurzer Dauer. Nur ein Jahr nach dem Erfolg 2007 blieben die Hallentüren wieder verschlossen. Rapid und Austria mochten ihren Akteuren nach einem spielintensiven Jahr – Rapid war im UI-Cup angetreten, während die Austria bis weit in den Dezember im UEFA-Cup spielte – in den Weihnachtstagen Ruhe gönnen. Mit B-Mannschaften der beiden Publikumsmagneten wollte auch Palme kein Turnier austragen.

Was das für die Zukunft heißen mag, kann niemand beurteilen. Nur eines ist sicher: Die Bundesliga wird sich kaum als Retter anbieten. Sie hatte das Turnier schließlich schon einmal dem Schicksal überlassen.

»Ich kann mir auch nicht erklären, warum die Liga das damals gemacht hat. Es war eine Ad-hoc-Entscheidung«, sagt Palme, »man hat in einer Sitzung ein paar Vor- und Nachteile abgewogen und war zu einem Entschluss gekommen, den man nicht mehr rückgängig machen wollte.« Das ist allerdings weit weniger schwierig zu verstehen, wenn man sich die Geschichte der österreichischen Bundesliga ansieht. Ad-hoc-Entscheidungen sind da weniger Ausnahme als Programm.

Mehr ist weniger – Der Reformeifer der österreichischen Bundesliga

Wenn der Anschluss an die Spitze verloren geht, muss man sich in einem Land, das einst Fußball auf Weltniveau bot, etwas einfallen lasen, um Spannung und Niveau zu erhalten. Dass in Österreich die Bundesländer erst später im Orchester der Großen mitspielen durften, hat die Suche, ein beständiges System zu finden, nicht unbedingt erleichtert. Man kann der österreichischen Liga aber nicht vorwerfen, dass sie nicht alles versucht hätte. Ihr Einfallsreichtum war dabei beeindruckend.

Nach dem Liga-Neustart 1945 mit zwölf Vereinen, die allesamt aus Wien kamen, wurde im Laufe der Jahre sukzessive aufgestockt. Der Aufgabe, den Sport für die Breite des Landes zu öffnen, wurde man mehr als gerecht. In der Saison 1949/50 durften mit Sturm Graz und Vorwärts Steyr erstmals Vertreter der Bundesländer mitspielen. Ende der sechziger Jahre stieg die Zahl auf 15, der man in der Saison 1973/74 nochmal zwei draufsetzte. Die Folge war jedoch, dass sich die Schere zwischen Gut und Schlecht zu weit öffnete. Für siebzehn Mannschaften war Österreich einfach zu klein. Josef »Joschi« Walter, der im Begriff war, die prägende Figur bei der Austria zu werden, machte sich für eine Zehnerliga stark.

Bereits im Herbst 1963 hatte Walter zwischenzeitlich und ehrenamtlich den Posten des Bundeskapitäns des ÖFB übernommen, er war das, was man heute Sportdirektor nennt. Im Frühjahr 1964 legte der Autohändler ein Zehn-Punkte-Programm zur Reformierung des österreichischen Fußballs vor. Walters Anliegen war, die Staatsliga als eigenen Verband aufzulösen und die oberste Spielklasse als »Nationalliga« direkt dem ÖFB zu unterstellen. Die Vergabe der Startplätze für die Nationalliga sollte nach regionalen Gesichtspunkten entschieden werden, die Lizenz gab es erst nach einer Wirtschaftsprüfung. Klubs sollten nur eine Lizenz erhalten, wenn sie aus einem Ort mit mindestens 30 000 Einwohnern kamen, ab 200 000 Einwohnern durften zwei Klubs antreten. Wien durfte maximal sechs Vereine stellen. Walter strebte eine Neuorganisation des Spitzenfußballs in Österreich nach ökonomischen Vorgaben an. Der 1992 gestorbene Austria-Präsident war damit seiner Zeit zu weit voraus. Als die Landespräsidenten sein Reformpaket ablehnten, widmete er sich der Austria.

Doch zumindest die Zehnerliga wurde Mitte der siebziger Jahre Realität. Sieben der 17 Bundesligisten mussten absteigen, auch wenn sie in der Endabrechnung auf keinem Abstiegsplatz gestanden hatten, denn es gab pro Bundesland nur noch einen Vertreter. Mit der Vienna, dem Sportclub und dem Simmeringer FC traten auch drei Wiener Vereine den Gang in die Zweitklassigkeit an. Für eine Weile blieb man bei dieser Zehnerliga, bevor man sich 1982 entschloss, dass die Liga doch genug Potenzial hatte, um 16 Mannschaften durchzubringen. Erst Beppo Mauhart stoppte das muntere Auf und Ab. Er machte Anfang 1984 seine Wahl zum ÖFB-Präsidenten von einer Rückkehr zur Zehnerliga abhängig. Der Kompromiss lag in einer Liga mit zwölf Mannschaften, die in der Spielzeit 1985/86 ihren Betrieb aufnahm.

Frieden kehrte deswegen noch lange nicht ein. Im Gegenteil. Wenn man sich schon zur Einsicht durchgerungen hatte, dass das Land nicht mehr als ein Dutzend Spitzenteams vertrug, musste es etwas geben, womit diese für mehr Spannung sorgen konnten. Also installierte die Liga einen Play-off-Modus. Im Meister-Play-off ermittelten die ersten acht Mannschaften nach dem Grunddurchgang den Meister und die UEFA-Cup-Platzierungen. Sie begannen dabei allerdings nicht bei null, sondern starteten mit den zuvor erspielten Punkten. Die letzten vier Mannschaften kämpften im Mittleren Play-off mit den vier Aufsteigern um den Klassenerhalt. Das war jedoch nicht genug der Modifikationen: Ab der Saison 1988/89 wurden die Punkte im Meister-Play-off nach dem Grunddurchgang halbiert. Auf diese Weise sollte vermieden werden, dass die Kluft zwischen Spitze und Nachzüglern zu groß wurde – nicht durch Korrektur der sportlichen Ursachen, sondern mit dem Kunstgriff praktisch angewandter Arithmetik. Ernst Happel, zu jenem Zeitpunkt Trainer des FC Tirol, kratzte sich am Kopf und fragte: »Wer macht so einen Blödsinn?«

Erst nach der Saison 1992/93 setzte die Vernunft ein, man kehrte zur Zehnerliga zurück und ließ den Mannschaften den vollen Lohn ihrer Arbeit. Zumindest bis zur Jahrtausendwende.

Da fragte sich die Menschheit, ob ihre Computer den Sprung von 1999 auf 2000 überstehen würden. Und die österreichische Bundesliga beauftragte eine Gruppe junger Manager mit der Aufgabe, zu erforschen, was denn zu tun sei, damit auch der österreichische Fußball den Sprung in die neue Zeitrechnung schaffte. Die arbeiteten fortan am Konzept »Bundesliga 2000«.

Jürgen Werner war zu diesem Zeitpunkt Manager des Zweitligisten FC Linz und einer aus dieser Generation, die begriff, dass man die Geschäfte eines Vereins nicht am Stammtisch besiegelte, sondern ihn wie ein Unternehmen führen musste. Der Ex-Nationalspieler hatte im letzten Jahr seiner Karriere in Los Angeles gespielt, beim Vorläuferklub von L.A. Galaxy. Der gehörte den L.A. Lakers, dem beliebtesten Basketballverein der Welt, und Werner hatte der dortigen Marketingabteilung genau über die Schulter geguckt. Es ist kein Wunder, dass im »Bundesliga 2000«-Konzept viel von dem steckt, was die NBA schon lange umsetzt.

Eineinhalb Jahre lang reiste der 45-jährige Oberösterreicher durch Europa, besuchte die großen Vereine, Vermarktungsagenturen und Fernsehstationen. Werner und seine Kollegen strebten Revolutionäres an. Sie wollten eine geschlossene Liga mit einer Legionärsbeschränkung, in der es nach amerikanischem Modell keinen Auf- und Abstieg mehr gegeben hätte. Pro Bundesland hätte nur eine Mannschaft in der obersten Klasse antreten dürfen, also ein »FC Burgenland« oder ein »FC Oberösterreich«. Die Klubs hätten in einem Draft-Verfahren die Möglichkeit bekommen, auf den Nachwuchs zuzugreifen, der in Akademien professionell ausgebildet worden wäre. Im ersten Profi-Jahr hätten die Nachwuchsspieler das gleiche Gehalt bezogen. Die Erste Liga darunter wäre regional aufgeteilt worden und hätte einen UI-Cup-Platz ausgespielt. Ein Aufstieg in die Bundesliga war im Konzept nicht kategorisch ausgeschlossen, Bedingung aber wäre die Erfüllung sportlicher, wirtschaftlicher und infrastruktureller Vorgaben gewesen. Zusätzlich war ein gemeinsames Marketingsystem geplant, und die Fernsehrechte hätten viel mehr kosten sollen als das, was der Staatssender ORF bis dahin auf den Tisch hatte legen müssen.

»Es wird in Österreich keinen Verein geben, der die Dimension von Bayern München erreicht«, lautete die Erkenntnis der Männer um Werner, »aber die ganzen Österreicher zusammen könnten das schaffen, mit einer Art Champions-League-Vermarktung.« Die Reaktion der Liga-Granden war jedoch nicht ganz so, wie es sich die ambitionierten Denker bei der Präsentation erhofft hatten. »Im Grunde wurden wir gesteinigt«, sagt Werner heute, und in seine Stimme mischt sich immer noch leichte Bitterkeit, wenn er an diese Zeit denkt. Als die Liga die Musketiere losgeschickt hatte, hatte sie nicht damit gerechnet, dass die mit einem Vorschlag zurückkommen würden, sie in eine Popcorn-Liga nach amerikanischem Muster zu verwandeln. Eine Fußballmeisterschaft ohne die Dramatik eines Abstiegskampfes war für sie eben keine Fußballmeisterschaft.

»Dabei interessiert es in Österreich keinen Hund, wer auf- oder absteigt«, macht Werner seinem Ärger Luft, »und dann kommen Mannschaften wie Schwadorf, Parndorf oder Schwanenstadt. Es ist dem österreichischen Fußball nicht förderlich, wenn das seine Bundesliga ist. Wir müssen einen anderen Weg gehen«, sagt er heute, »Österreich ist ein kleines Land. Aber wir glauben natürlich, wenn wir nach Lettland oder Litauen fahren, dann schlagen wir die, nur weil wir 1954 WM-Dritter geworden sind.«

Werner hat nach der Steinigung enttäuscht die Seiten gewechselt, der frustrierte Reformer wurde zum Spielervermittler. Er beteiligte sich mit seiner Agentur an Firmen in Deutschland, Tschechien, der Slowakei und Skandinavien und ist einer der bekanntesten Männer der österreichischen Szene. Aber auch in seinem neuen Berufsstand bläst ihm in seiner Heimat ein rauer Wind entgegen, von Seiten der alten Präsidenten, die in den Spielerberatern vor allem einen Pulk schäbiger Schmarotzer sehen, deren einziges Ziel es sei, den jungen Talenten den Kopf zu verdrehen und sich selbst die Taschen vollzustopfen.

Von seinem Konzept ist er auch heute noch überzeugt. Einige der Punkte wie beispielsweise die Installation der Jugendakademien seien schließlich auch umgesetzt worden. Nach wie vor aber dürfen in Österreich ambitionierte Kleinvereine aufsteigen, die meist wie Sternschnuppen verglühen, und die Liga in die Krise stürzen. Werner hat den

Glauben dennoch nicht ganz aufgegeben, dass die österreichische Liga noch zur Vernunft kommen wird. »Ich bin ein Optimist und jemand, der träumt. Ich glaube auf jeden Fall, dass es irgendwann umgesetzt wird.« Vielleicht dann unter dem Titel ›Bundesliga 3000‹.

The Bull, The Bad & The Ugly –
Die Ära der Mäzene

Die Steiermark liegt im Südosten Österreichs. Sie ist gemäß ihrer Fläche nach Niederösterreich das zweitgrößte Bundesland und bekannt für ihre Berge wie für ihre grünen Weiten. Das Bundesland wird auch als Grüne Mark bezeichnet, weil rund 60 Prozent der Bodenfläche von Wald und Wiesen bedeckt sind oder von Obst- und Weingärten. Man rühmt sich der Natur, vor allem aber sind die Steirer stolz auf ihren Wein. Die Sorte »Steirischer Junker«, ein trockener Jungwein, hat sich das Land sogar schützen lassen. Vom Schilcher, der auch als Rabiatperle bezeichnet wird, heißt es, er mache aggressiv. Was in der Steiermark heranwächst, hat mitunter einen besonderen Charakter.

Auch Frank Stronach, Hannes Kartnig und Dietrich Mateschitz haben in der Steiermark das Licht der Welt erblickt. Es sind drei Männer mit verschiedenen Biographien, die neben ihrer Herkunft eint, dass sie sich aus einfachen Verhältnissen nach oben gearbeitet und mit ihrem Geld dem österreichischen Fußball im letzten Jahrzehnt ihren Stempel aufgedrückt haben. Frank Stronach auf seine sture, rechthaberische Art. Hannes Kartnig auf seine hemdsärmelige, größenwahnsinnige. Und Dietrich Mateschitz auf seine kühle, kalkulierende Weise. Ihre Motive waren dabei so verschieden wie ihre Persönlichkeiten. Doch alle drei haben den Fußball nachhaltig verändert, und man kann kaum sagen, zu seinem Besten.

Nicht immer ging es dabei mit rechten Dingen zu, und nicht immer ging es dabei nur um Fußball.

Ebreichsdorf ist eine südlich von Wien gelegene Kleinstadt mit knapp zehntausend Einwohnern. Der Kalte Gang entspringt hier, und das ist auch schon das Einzige, was man über den Ort sagen kann. Wäre da nicht Frank Stronach, der aus Kanada nach Österreich zurückgekehrte Millionär, der Ebreichsdorf für einige seiner zahlreichen ambitionierten Projekte auserkoren hatte. Im Jahr 1989 wollte Stronach hier einen Vergnügungspark errichten, dessen Hauptattraktion eine Weltkugel mit einem Durchmesser von 200 Metern hätte werden sollen. Von Beginn an hagelte es Proteste, im April 2001 wurde das Projekt »World of Wonder« endgültig begraben. Stattdessen eröffnete Stronach im April 2004 das »Magna Racino«, eine Pferderennbahn, für die sich Österreichs bessere Gesellschaft auf den Weg nach Niederösterreich machen sollte. Im November 2007 wurde auch dieses Projekt eingestellt. Ebreichsdorf und die Wiener Schickeria, das passte nicht zusammen. Die Pferderennbahn wurde das sichtbarste Symbol für den gescheiterten Versuch des Frank Stronach, seiner alten Heimat die Zukunft des Entertainment beizubringen.

1932 wurde Stronach als Franz Strohsack im steirischen Weiz geboren, im Alter von 22 Jahren wanderte der gelernte Werkzeugmacher, wie viele seiner nach dem Zweiten Weltkrieg an Not leidenden Landsleute, nach Kanada aus. In der Tasche hatte er 200 Dollar. Was folgte, ist ein eindrucksvolles Beispiel des *American Dream*, Stronach gründete »Magna International Inc.« und baute das Unternehmen zu einem der größten Automobilzulieferer Nordamerikas auf. Im Jahr 2006 machte das Unternehmen, nach einer kurzen Krise Anfang der neunziger Jahre, etwas mehr als 24 Milliarden Dollar Umsatz. Als der Unternehmer 1986 nach Europa expandierte, siedelte er seine Zentrale im niederösterreichischen Oberwaltersdorf an. So etwas sieht man gerne in Österreich. Zum einen bringt es Geld und Arbeitsplätze, zum anderen schmückt sich das Land gerne mit erfolgreichen Emigranten, die zeigen, dass sie ihre alte Heimat nicht vergessen können. So wie Arnold Schwarzenegger, dem bekanntesten Steirer der Welt, dessen wieder und wieder geäußerte Sehnsucht nach dem Apfelstrudel seiner Mutter den Zeitungen jedes Mal aufs neue eine Meldung wert war.

Stronach dagegen trieb weniger die kulinarische Sehnsucht nach Österreich. Aber was dann? Vielen seiner Landsleute ist das noch Jahre später ein Rätsel. Und vor allem die Fußballbeobachter fragen sich bis heute, nach beispiellosen Investitionen und Entlassungswellen bei Austria Wien, einer erfolglosen Bundesliga-Präsidentschaft und seinen an Realitätsverlust grenzenden Parolen, was ihn eigentlich trieb. Geltungssucht? Machtgier? Oder einfach nur Großmut? Vermutlich eine Mischung aus allem. Stronach tauchte in Österreich auf wie ein Geist, der nicht so recht zu fassen war. Auf der einen Seite stand die Glaubwürdigkeit seiner persönlichen Erfolgsstory, auf der anderen Seite irrlichternde Phantasien wie jene, dass »Österreich 2006 Weltmeister sein kann«. Seine amerikanische Geld-versetzt-Glauben-und-Glauben-versetzt-Berge-Philosophie erntete vor allem Häme in einem Land, das sich seiner Berge rühmt und die ungern versetzen möchte. Stronach und der österreichische Fußball, das war von Anfang an ein Missverständnis.

Es begann am 22. April 1998, als sich Stronach, von einer Geschäftsreise aus Russland kommend, nach der Landung am Flughafen Wien-Schwechat direkt ins Wiener Ernst-Happel-Stadion fahren ließ. An seiner Seite saß Rudolf Streicher, ehemaliger Minister für Wirtschaft und Verkehr und damaliger Präsident von Austria Wien. Zu bestaunen gab es ein 0:3-Debakel der österreichischen Nationalmannschaft gegen die USA, es war der Moment, in dem Stronach erkannte – oder Streicher es ihm schmackhaft machte –, dass er hier etwas bewegen konnte. Stronach war beileibe kein Fußballfachmann, aber so viel wusste er: Gegen die USA verliert man höchstens im Basketball. Im August desselben Jahres verkündete er, als Sponsor bei der Austria einsteigen und die Macht übernehmen zu wollen. Dabei wollte er es aber nicht bewenden lassen. Früh sprach er davon, besonders auf die Jugend setzen und eine Nachwuchs-Akademie gründen zu wollen. Bald gab es Gerüchte, er wolle auch beim Konkurrenten Rapid einsteigen, Stronach verhandelte mit den Bundesligisten in Salzburg und Tirol, die aufgrund ihrer prekären finanziellen Situation gesprächsbereit waren. In den Berichten über Stronach hieß es bald, er sei »der reiche Onkel aus Amerika«.

Drei Monate später gab Stronach seine Pläne preis: Er plante zusätzlich zur Akademie einen eigenen Sportwetten- und TV-Kanal und wollte im Rahmen so genannter Kooperationsverträge über sieben Millionen Euro in die Bundesliga investieren, die gerecht unter den zehn Vereinen aufgeteilt werden sollten. Als Gegenleistung wollte er die Übertragungsrechte, um die Spiele auf seinem Kanal laufen zu lassen, die allerdings bereits bis 2004 an den ORF verkauft waren. Mit dem LASK, Rapid und Sturm Graz gaben sich nur drei Klubs Stronachs Plänen gegenüber kritisch, was vor allem verdeutlichte, wie klamm die meisten österreichischen Vereine dastanden.

»Stronach glaubt, dass er mit seiner Marie die ganze Liga kaufen kann«, tönte Hannes Kartnig, Präsident von Sturm Graz und erklärter Gegner Stronachs, »mich nicht.« Der große Rest jedoch fand, für diesen Betrag könne man dem Onkel aus Amerika schon einen Gefallen tun. Stronach jedoch betonte: »Ich will weder die Bundesliga noch einen Klub kaufen, sondern den Sport mit einem eigenen TV-Wettkanal und Akademien für den Nachwuchs auf eine gute Basis stellen.« Im darauffolgenden Februar wählten die Klubs Stronach zum Bundesliga-Präsidenten. Die Wahl wurde trotz eines Verfahrensfehlers bestätigt. Stronach war nach neuen Statuten gekürt worden, die noch nicht genehmigt waren. Denn eigentlich war es gar nicht erlaubt, dass jemand, der bei einem Verein das Sagen hatte, gleichzeitig Liga-Chef sein konnte. Stronach aber fand: »Regeln werden von Menschen gemacht, und sie werden von Menschen geändert.« So setzte Stronach eine Entwicklung in Gang, nach der die Präsidenten der Vereine die Liga in ihrer Hand hatten. In seinem speziellen österreichisch-kanadischen Kauderwelsch klingen seine Sätze lustig, doch er meint es todernst, wenn er sagt: »Wer das Geld hat, macht die Regeln.« Und Stronach hatte sehr viel Geld.

Seit dem USA-Spiel waren etwa eineinhalb Jahre verstrichen. Der Aufstieg des Millionärs zum ambitionierten Retter des österreichischen Fußballs ging rasant voran, und nur wenige stemmten sich dagegen. Als Stronach im Mai 1999 in Salzburg mit Politikern den Bau eines Stadions samt »Märchenerlebniswelt« beschloss, wurde es einem Mann zu bunt: ÖFB-Präsident Beppo Mauhart, der schon früh die Allmachtsansprüche Stronachs kritisiert und ihm geraten hatte, statt mit dem Gießkannenprinzip in den ganzen Fußball nur in einen Klub zu investieren. Er sah in dem Stadion-Projekt einen massiven Eingriff in die Salzburger Europameisterschaftspläne. »Wir brauchen keine zusätzlichen Märchenwelten, es gibt genug Märchen in diesem Land«, sagte er damals, »wir brauchen zusätzliche Sportstätten.«

Stronach selbst ließ solche Kritik kalt. Er wollte doch nur dem österreichischen Fußball auf die Beine helfen, und mit Zögerlichkeit ging das nicht. Die Kritik an der Unvereinbarkeit seiner vielen Ämter war für ihn der Neid von Kleingeistern. Es brauchte einen starken Mann.

Der Journalist Norbert Mappes-Niediek hat eine Biographie über Stronach geschrieben, sie heißt »Let's be Frank« und trägt damit den gleichen Titel wie die Kampagne, mit der Stronach einmal erfolglos für das kanadische Parlament kandidiert hatte. Dafür durfte er Stronach eine ganze Stunde lang sprechen. »Was den Einstieg in Österreich angeht, glaube ich tatsächlich, es hat viel mit seiner Biographie zu tun«, sagte Mappes-Niediek in einem Interview mit dem Fußballmagazin »Ballesterer«, »es besteht der Wunsch, Liebe zu finden, verehrt zu werden. Einmal abgesehen davon, dass er hier auch Erwerbschancen für seine Magna gesucht und gefunden hat.«

Welche seine Motive auch immer waren, die Umsetzung geriet katastrophal und sorgte in Österreich gleichermaßen für Unmut wie für Erheiterung. In seiner Funktion als Austria-Chef feuerte Stronach die Trainer beinahe im Monatstakt, Fachwissen dürfte dabei kaum den Ausschlag gegeben haben. So soll er bei einem Spiel seiner Austria gefragt haben, ob ein ausgewechselter Spieler denn wieder eingewechselt werden dürfe, und im UEFA-Cup-Heimspiel gegen den FC Brügge im Dezember 2004 saß er eine Halbzeit lang mit einem Schal von Austria Salzburg auf der Tribüne – der Verein hatte ebenfalls violette Traditionsfarben, jemand musste ihn auf den Irrtum hinweisen. Es war eines der wenigen Male, dass Stronach tatsächlich zuhörte. In der typischen Manier des Selfmade-Millionärs, der sich nach oben gekämpft hat, hört er ansonsten nur auf sich selbst. »Wenn ich merke, dass etwas nicht so funktioniert, wie ich es mir vorstelle, tausche ich eben die Leute aus – bei Magna und Austria.«

Tatsächlich entwickelte sich Stronachs Engagement zu einem Kasperltheater, das selbst für österreichische Verhältnisse, wo Vetternwirtschaft und Mauscheleien oft wilde Blüten treiben, neue Maßstäbe setzte. Es ist wohl kein Zufall, dass Stronach bei der Austria landete, einem Verein, der in seiner Geschichte stets der Philosophie anhing, Erfolg mit Geld kaufen zu können. Und Stronach wollte den Erfolg. Sofort und überall. »Sieben Spiele hintereinander zu gewinnen ist zwar schön, aber ich habe etliche Schwächen gesehen. Wir werden einige neue, bessere Spieler brauchen«, waren Sätze, die ihn so berühmt wie berüchtigt machten.

Im Schnitt 13,3 neue Spieler kaufte die Austria seit der Spielzeit 2000 pro Saison. Die meisten der als Hoffnungsträger geholten Spieler sind mittlerweile auf spöttischen Was-wurde-aus-Seiten im Internet gelandet, viele Provisionen verschwanden in vielen Taschen. Auch der spektakulärste Transfer, der des Brasilianers Djalminha von Deportivo La Coruña, stand von Anfang an unter einem schlechten Stern – schon bei der Präsentation bezeichnete der damalige Austria-Sportdirektor Peter Svetits den Trickser, der in der Saison 2002/03 das Spiel der Violetten gestalten sollte, als »Dschalmatinja«.

Als es der Austria in der Saison 2002 unter dem Trainer Walter Schachner nach langer Zeit gelungen war, aus den teuren Einkäufen auch ein homogenes Team zu formen und unangefochten an der Spitze der Tabelle zu stehen, wurde auch Schachner entlassen. Als Nachfolger präsentierte die Austria-Spitze Christoph Daum, der nach seinem Kokain-Dilemma wieder Fuß fassen wollte. Stronachs Spruch, »nicht mit den Hühnern zu pecken, sondern mit den Adlern kreisen zu wollen«, hatte sich wieder bewahrheitet. Den verdutzten Fans erklärte er: »Es war die richtige Entscheidung zum falschen Zeitpunkt.« Der Mann mit seinen kleinen, strengen Augen und dem rötlichen Teint wurde den Österreichern immer unheimlicher.

Daum kreiste genau eine Saison mit den Adlern, um danach zu Fenerbahçe Istanbul zu flüchten. Immerhin hatte er die Austria zum ersten Mal in der Ära Stronach zum Meister gemacht und dabei gleich das Double geholt. Nachfolger von Daum wurde Joachim Löw, der nach dem Konkurs des FC Tirol ein Jahr arbeitslos gewesen war. Vom 4. Juni 2003 an leitete der spätere DFB-Nationalcoach die Geschicke, bis er ein knappes Jahr später nach einer 0:2-Niederlage gegen das Tabellenschlusslicht FC Kärnten ebenfalls vor die Tür gesetzt wurde. Als Tabellenführer. Es verwundert kaum, dass Stronachs unberechenbare Art die Fans der Austria früh spaltete. Dem Ärger, ihren Klub dem Willen eines fußballunkundigen Millionärs ausgeliefert zu sehen, stand die Hoffnung auf finanzielle und damit verbundene sportliche Höhen gegenüber. Bis er bei Christoph Daum angelangt war, hatte Stronach mit Heinz Hochhauser, Arie Haan, Didi Constantini, Walter Schachner und diversen Interimslösungen etliche Trainer verschlissen und mit Herbert Prohaska zu Beginn seiner Amtszeit die violette Galionsfigur schlechthin davongejagt. Wer widersprach, war bald weg. Auch Toni Polster ereilte einige Jahre später ein ähnliches Schicksal. Ende 2004 war der Ex-Teamstürmer und Austria-Liebling als »General Manager« geholt worden, wenige Monate danach musste er wieder seinen Hut nehmen und bekam von Stronach darüber hinaus sogar Stadionverbot. Als Grund für die fristlose Entlassung nannte Stronach »unterschiedliche Auffassungen«, Polster dagegen: Unbeugsamkeit.

»Magna raus«-Proteste wurden im Horr-Stadion daher immer lauter. Was viele seiner Landsleute zusätzlich irritierte, war der Hofstaat, den Stronach um sich scharte. Einen verrückten Fußball-Patriarchen, der mal wieder Europa stürmen wollte, damit konnte man sich noch arrangieren. Aber Stronach und sein Magna-Konzern standen bald für eine Freunderlpolitik, die an uneigennützigen Motiven zweifeln ließ. Gleich nach seiner Rückkehr in die Heimat bestellte er den Ex-Kanzler Franz Vranitzky und Bank-Austria-Direktor Gerhard Randa in den Aufsichtsrat von Magna International. Kindern von Politikern verschaffte er Jobs bei Magna. Für Menschen mit den richtigen politischen Beziehungen fand Stronach stets eine Funktion, bei Magna, bei der Austria oder in der Liga. Ob sie denen auch gewachsen waren, schien zweitrangig. Peter Westenthaler, einem ehemaligen Steigbügelhalter des Rechtspopulisten Jörg Haider und bis dahin nicht eben durch seine große Fußballleidenschaft auffällig geworden, machte er zum Liga-Vorstand. Und als sich Karl-Heinz Grasser, sein Vize-Präsident für Human Resources und Public Relations bei Magna, aufmachte, für die FPÖ mit 31 Jahren zum jüngsten Finanzminister der Republik zu werden, räumte er ihm ein Rückkehrrecht ein.

»Dass man Parteien Geld gibt und Politikern das Gefühl, dass sie geschätzt sind und dass man sie vielleicht auch beschäftigt, hat in der Tat System. Stronach hat es aus Kanada mit nach Österreich genommen. Er hat das System praktisch nach Österreich exportiert, und das kommt uns sehr exotisch vor«, sagt Mappes-Niediek. »Eine Kultur im Umgang mit Tycoons muss erst entstehen.«

Das Land war da eher Typen vom Schlag eines Hannes Kartnig gewöhnt. Der Präsident des SK Sturm Graz war ein Präsident, wie ihn der Österreicher auch von Bezirksmannschaften kennt. Einer, der sein Hemd so offen trägt, dass man seine Goldkette sehen kann, der ein dickes Auto fährt und die Inszenierung liebt. Ein Aufschneider, dem man nicht so richtig böse sein kann, weil er die Lacher auf seiner Seite hat. Kartnig, füllig, mit zurückgekämmtem Haar und Zigarre, war die aufgeblasene Version dieses Typs. Mit seiner Werbefirma »Kartnigs Perspektiven Ankündigungs GmbH« hatte der 1951 geborene, gelernte Goldschmied in Graz ein kleines Vermögen gemacht.

Das Rampenlicht hatte er schon früh gesucht und beim EC Graz, dem städtischen Eishockey-Verein, gefunden. 1989 wurde er Präsident und bescherte dem Klub bald das höchste Budget der Liga. Nur der Erfolg blieb aus. »Alle werden Meister, nur der Kartnig nicht!«, höhnten die Fans in den Eishockey-Hallen, und wer Kartnig kennt, der in jungen Jahren schon einmal mit einer Firma pleitegegangen war, weiß, dass er das nicht auf sich sitzenlässt. 1992 übernahm er auch das Präsidentenamt des SK Stabil Fenster Sturm Graz, dessen Schulden zu diesem Zeitpunkt umgerechnet knappe 1,2 Millionen Euro betrugen.

Kartnigs Geschichte ist die vom Aufstieg und Fall eines Mannes, dem sein Ruhm zu Kopf stieg. Ein Beispiel österreichischer Großmannssucht, das zwangsläufig tragisch enden muss. Es gab eine Zeit, in der viele Menschen die Gesellschaft von Hannes Kartnig suchten. Später suchten die meisten das Weite, wenn er auftauchte. Hannes Kartnig hat dem österreichischen Fußball viel gegeben, aber mindestens so viel genommen.

In seine Präsidentschaft fallen die größten Erfolge einer österreichischen Mannschaft in der Champions League überhaupt, und eng damit verbunden ist der Name von Ivica Osim. 1994 heuerte der letzte Trainer der jugoslawischen Nationalmannschaft bei Sturm an, auf Vermittlung des Managers Heinz Schilcher, einem ehemaligen Mitspieler Osims in Frankreich. Schon bald gelang es dem »Fußball-Philosophen«, wie er in der österreichischen Presse gerne genannt wurde, eine technisch starke Truppe auf die Beine zu stellen. Jungen Talenten stellte er erfahrene Kicker zur Seite und ließ modernen Tempofußball spielen. In Österreich war das einzigartig. Die Achse um die Teamspieler Mario Haas, Hannes Reinmayr und Ivica Vastić bekam bald das Prädikat »magisches Dreieck«, und es wurde ein sehr erfolgreiches. Alle werden Meister, nur der Kartnig nicht? Von wegen, mit 22 Punkten Vorsprung in der Saison 1997/98 feierte zum ersten Mal eine Mannschaft aus der Steiermark den Meistertitel.

Der Unterschied zwischen Kartnig und Osim jedoch hätte größer nicht sein können, das ließ sich auch durch die Erfolge nicht vertuschen. Hier der sprücheklopfende Party-Löwe, dort der stille Grübler, den stets ein Hauch von Melancholie umwehte. Kartnig nannte Spieler aus dem ehemaligen Jugoslawien »Cevapcici«, was der Bosnier Osim, dem der Krieg in seiner alten Heimat tief zugesetzt hatte, noch als die polternde Art seines rustikalen Präsidenten abtat. Während Kartnig davon träumte, Dauergast an den Tafeln von Manchester und Madrid zu sein, warnte Osim, dass auch die schönste Blume einmal verblühen müsse.

»Ich erinnere mich an die Champions-League-Auslosung in Paris 1999, als Sturm Graz Manchester United zugelost bekam«, erzählt Beppo Mauhart, »Kartnig jubelte und meinte, er werde jeden Spieler kaufen. Dann blickte er auf Osim und sagte: ›Jetzt seht euch meinen Trainer an. Jeder würde sich die Finger nach einem Präsidenten wie mir abschlecken, und er sitzt nur da!‹ Osim erwiderte: ›Herr Präsident, gute Spieler können auch Sie nicht kaufen, und schlechte habe ich genug.‹«

Für österreichische Verhältnisse aber blieben seine Kicker eine Klasse für sich. Sturm wiederholte den Meistertitel und wurde im Jahr darauf Zweiter hinter Innsbruck, sorgte dafür aber auf internationaler Ebene für ein Novum. Erstmals überstand eine österreichische Mannschaft die Gruppenphase der Champions League, in einer Gruppe mit Galatasaray Istanbul, den Glasgow Rangers und dem AS Monaco sogar als Tabellenerster. In der zweiten Phase war man zwar gegen den FC Valencia und Manchester United chancenlos, schlug aber zweimal Panathinaikos

Athen. Auf dem vermeintlichen Höhepunkt angekommen, kaufte Kartnig die ghanaische Sturmhoffnung Charles Amoah vom FC St. Gallen für die österreichische Rekordsumme von etwa vier Millionen Euro, ohne vorher seinen »besten Trainer der Welt« gefragt zu haben. Es war die Zeit, in der Kartnig keine Interviews gab, sondern vielmehr Hof hielt und verblüfften Journalisten seine Villa mit Haifischbecken präsentierte oder mit dem Rolls-Royce durch Graz kutschierte. »Wir haben so viel Geld wie alle anderen österreichischen Vereine zusammen Schulden«, posaunte er, »der SK Sturm, das bin ich.«

»Zu viel Licht schadet der Wahrnehmung«, erwiderte Ivica Osim. Das Verhältnis der beiden verschlechterte sich zunehmend, nach der erfolgreichen Champions-League-Saison 2001 beleidigte Kartnig seinen Trainer live im Fernsehen. Ein Grund für Kartnigs Polterei war die große Wertschätzung, die man Osim entgegenbrachte, während Kartnig stets als der reiche Prolet galt. Er begann, Osim die Aufstellung zu diktieren. Womöglich störte es den eitlen Millionär, dass ihn sein Trainer nicht so liebte wie er ihn. Als Kartnig von einer geplanten Osim-Biographie erfuhr, ließ er sein Auftragswerk »Sturm – ein steirischer Traum« ändern in »Kartnig – ein steirischer Traum«. Am Ende kaufte er 7000 Stück selbst. Das Vorwort in Osims Biographie kam von Pelé, jenes für Kartnig von Waltraud Klasnic, der steirischen Landeshauptfrau.

2002 schließlich gab Kartnig ein Interview, das für seinen belastbaren, aber sensiblen Trainer das Fass zum Überlaufen brachte. Im »Sportmagazin« sagte er über Osim: »Er ist ein weiser, gescheiter Mensch und der beste Trainer Österreichs, aber sobald er das Feld verlässt, interessiert ihn nichts mehr ... Sehen tut er viel, aber er traut sich keine Verantwortung zu übernehmen. Er ist feig wie kein Zweiter, überhaupt nicht konsequent.« Osim kündigte und verklagte Kartnig wegen Mobbing, den Prozess gewann er schließlich 2006. Kartnig musste seinem Trainer, dem er einst nach einem Auswärtssieg bei Rapid Wien sogar einen Schmatz auf die Wange gedrückt hatte, rund 270 000 Euro zahlen.

Der Präsident appellierte nach dem Prozess an Osim, das Geld nicht einzufordern, damit bringe er doch die Existenz von Sturm Graz in Gefahr. Längst klopfte der Präsident nämlich keine Sprüche mehr, sondern die Schulter von Stronach. Das Geld war knapp geworden. Nach dem Weggang von Osim und mehrerer Führungsspieler konnte Sturm das Niveau nicht halten, ohne das Geld aus der Champions League und Osims gewieftes Händchen verwandelte sich der steirische Traum in ein Trauma. Für die Saison 2006 bekam Kartnig die Lizenz nur, weil die steirische Landesregierung eine Haftungserklärung übernahm, der Verein startete aber mit drei Minuspunkten in die Meisterschaft. Es nützte nichts. Im Herbst stellte Kartnig einen Konkursantrag. Nach dem EC Graz war es der zweite von ihm geführte Verein, der in seinen Schulden unterging. Am 31. Oktober 2006 wurde das Kapitel Sturm Graz und Hannes Kartnig geschlossen. Am Ende flossen Tränen über seine dicken Wangen.

Im Sommer 2007 wurde Kartnig sogar in U-Haft genommen. Es hatte sich herausgestellt, dass der Erfolg von Sturm auf doppeltem Boden gebaut war. Im Frühjahr war Kartnig mehrmals von der Grazer Staatsanwaltschaft vorgeladen worden, weil es Ungereimtheiten bei Ausgaben aus der Vereinskasse von Sturm Graz gab. Kartnig gestand, Steuern hinterzogen zu haben. Die Rede war von einer Summe von knapp neun Millionen Euro. Die erdrückende Beweislast bewog Kartnig wohl, in Teilen geständig zu werden. So hatten sich Sturm-Spieler über anonyme Sparbücher – eine in Österreich stets geschätzte Form der

Anlage, deren Abschaffung sogar zum Wahlkampfthema gegen einen EU-Beitritt taugte – zusätzlich Beträge von der Bank abgeholt, bar auf die Hand. Das System war so clever wie dreist. In der Hochzeit von Sturm soll der Klub weniger Tickets abgerechnet haben, als er tatsächlich verkauft hatte. Die verheimlichten Einnahmen landeten auf diversen Sparbüchern. »Bei Sturm hat es immer schon Schwarzzahlungen an Spieler gegeben«, gestand Kartnig, denn ohne die hätte sich der Verein die teuren Kicker gar nicht leisten können. Die Kartenabrechnung sei schon vor seiner Zeit als Präsident als System eingeführt gewesen. Die Spieler erklärten später allesamt, nicht gewusst zu haben, dass es sich bei diesen Zahlungen um Schwarzgeld gehandelt haben soll. Ein anonymes Sparbuch war eben ein anonymes Sparbuch und eine österreichische Tradition. Man bekam es zur Firmung ebenso geschenkt wir zur Hochzeit oder zum Geburtstag. Oder eben als Belohnung.

Auch Ivica Osim, der später die japanische Nationalmannschaft trainierte, soll einmal in der Liste aufgetaucht sein. Ivica Vastić, der spielerische Dreh- und Angelpunkt des Sturm-Graz-Wunders, gleich mehrmals. Auch der spätere Meistermanager des VfB Stuttgart Horst Heldt, der in dieser Zeit Station in Graz machte, soll einmal bei der Bank vorstellig geworden sein. Raffiniert ausgedachte Passwörter wie »Hannes« reichten, und die Spieler verließen die Bank mit einem dicken Bündel Scheine. Wer die Höhe der Zahlungen vereinbart hatte, darüber schoben sich Hannes Kartnig und sein Manager Heinz Schilcher die Schuld gegenseitig in die Schuhe. Schilcher stritt alles ab, er habe davon erst aus der Zeitung erfahren. Kartnig sagte: »Da kann ich nur lachen.«

Der Journalist Rainer Fleckl von der Zeitung »Kurier« hat in einer eindrucksvollen Reihe die Ereignisse in Graz aufgearbeitet. Er ist mit 30 Jahren einer aus der jüngeren

Garde der Zunft, die sich weniger dem unkritischen Kuscheljournalismus verpflichtet fühlt, der im Land so verbreitet ist. »Ich hatte den Eindruck, dass man sich damit nicht näher beschäftigen wollte«, sagt er. Ein halbes Jahr lang hat er recherchiert und sich tagelang mit Juristen unterhalten. Fleckl förderte die Unterschriften der Spieler zutage, er deckte die Ereignisse und die Widersprüche in Kartnigs Gebaren auf. So hatte der Präsident im Laufe der Ermittlungen etwa behauptet, er sei bei Sturm nur für Marketing und Presse zuständig gewesen, von den Vorgängen habe er nichts gewusst. Als eine Investorengruppe um den Spediteur Hans Fedl bereit gewesen war, im Konkursverfahren von 2006 die vom Konkursverwalter geforderten 750 000 Euro aufzubringen, stellte sie die Bedingung, dass Kartnig von allen Ämtern zurücktreten müsse. Der war zwar bereit, als Präsident zurückzutreten, aus dem Vorstand aber hatte er unter dem Vorwand nicht ausscheiden wollen, nur er könne abwenden, dass die Vorstandsmitglieder für die Vereinspolitik würden haften müssen.

»Einerseits behauptete Kartnig, er wisse von nichts, andererseits sagte er ›Nur ich kann euch retten‹, als es dem Ende zuging, weil nur er über seine Verbindung zum Finanzminister Grasser die Probleme lösen könne, wie etwa die Nachforderungen vom Finanzamt«, erzählt Fleckl. »Die neue Führung hätte sich wahrscheinlich genau angesehen, was da gelaufen ist. Man kann mutmaßen, dass Kartnig auf diese Weise das System Sturm Graz vertuschen wollte.«

Auch seine allseits bekannte Casino-Leidenschaft und die damit einhergehenden Verluste hat Kartnig wohl nicht immer lupenrein abgewickelt. Von 1998 bis 2005 soll der Sturm-Präsident rund 2,7 Millionen Euro verspielt haben. In den Jahren 1998 bis 2001 hatte er Spielschulden über ein Konto seiner Firma bezahlt, die Buchung wurde als

Zahlung an Sturm vermerkt. Kartnig gestand. So ist auch sein Schmusekurs gegenüber Stronach zu erklären. Hatte er sich zu Beginn der Ära des Austro-Kanadiers noch als dessen unbeugsamer Widersacher geriert, waren Stronachs Millionen später willkommen, um den Verein zu retten. Bereits in jenem Interview im Jahre 2002 hatte er dem »Sportmagazin« gesagt: »Also wenn es Sturm wirklich dreckig gehen sollte, würde ich mich herablassen und den Frank bitten, dass er uns hilft.«

Die Annäherung der beiden ging sogar so weit, dass Stronach 2003 als Trauzeuge neben Kartnig stand, als der zum zweiten Mal heiratete – als Geschenk gab es eine Weltreise. Im Dezember des gleichen Jahres schloss Kartnig mit Stronachs Vermarktungsfirma SMI einen Vertrag, in dem sich Stronach für eine Million Euro das Recht sicherte, »auf die Dauer von zehn Jahren ... sechs Spieler von Sturm Graz auszuwählen«. Erst im Sommer 2006 machte Stronach davon Gebrauch und holte den jungen Johannes Ertl zur Austria. Durch den Konkurs aber fielen die veräußerten Rechte wieder an Sturm zurück, und Stronach entgingen Spieler wie der österreichische Hoffnungsträger Christoph Leitgeb, der in der billigen, jungen Sturm-Mannschaft aufblühte.

Am Ende stand Kartnig ganz allein da. Die Grazer Prominenz, die sich einst in seinen Erfolgen gesonnt hatte, war verschwunden, und selbst sein Trauzeuge soll ihn nicht mehr zu sich vorgelassen haben. »Seriös lässt sich das nicht beurteilen. Es gab Gerüchte, dass Stronach die Kaution für Kartnig hinterlegt hatte«, sagt Fleckl, »mein Eindruck ist: Man trifft sich nicht mehr so oft wie früher, aber es herrscht keine komplette Funkstille.«

Kaum vorstellbar, dass Dietrich Mateschitz einmal in eine ähnliche Position gerät.

Der Aufschrei war groß, als der Gründer von Red Bull

im April 2005 seinen Einstieg in den österreichischen Fußball verkündete und Austria Salzburg übernahm. Der Traditionsverein, der schon mit Stronach geflirtet hatte, stand knapp vor dem Ruin. Red Bull hat sein Headquarter im nahe gelegenen Fuschl. Dass der Energy-Drink-Hersteller dem Verein zur Hilfe kam, war aber weniger ein karitativer Akt als vielmehr das Ergebnis nüchternen Kalküls.

So gut wie alles unterscheidet den als juvenilen Lebemann bekannten 63-Jährigen von seinen beiden steirischen Konkurrenten. Er betrachtet Fußball weder mit Leidenschaft noch als Bühne seiner Eitelkeiten, sondern schlicht als Marketinginstrument. »Ich treffe Entscheidungen als Geschäftsführer und Marketingverantwortlicher für die Marke Red Bull«, sagt der Mann, der mit seiner Koffeinbrause zu einem der reichsten Österreicher wurde. »Wir sind wahrscheinlich der einzige Fußballklub der Welt, der keinen Präsidenten hat. Wir führen den Klub wie eine GmbH: rational, professionell. Das hat nichts mit Passion, Spieltrieb oder einer Profilierungsneurose zu tun.«

Red Bull macht seit seinem Einstieg, was es seiner Herkunft aus dem Funsport nach am besten kann: den Fußball zum Event. Im für die Europameisterschaft neu erbauten Stadion in Wals-Siezenheim gibt es Musik und Cheerleader, in den VIP-Logen kann man per SMS eine Dose Red Bull an den Tisch bestellen und die Mannschaft bejubeln, in der sich viele Spieler aus Deutschland tummeln, die dort für zu alt, zu jung oder schlicht für nicht gut genug befunden wurden. Kurt Jara wurde mit der Aufgabe betraut, daraus eine Mannschaft zu formen, wenn auch nicht für lange. Mateschitz kündigte seinen Trainer, weil er ihm vorwarf, bei Spielertransfers auf befreundete Vermittler zurückgegriffen zu haben, um sich dann die Provisionen zu teilen. Jara klagte. Nach monatelangen Ermittlungen wurde das mit dem Vorwurf der Veruntreuung gegen ihn eingeleitete Strafverfahren Anfang Juni 2007 eingestellt. Aber die von Jara angestrengte Unterlassungsklage wegen Kreditschädigung wurde zugunsten von Mateschitz abgewiesen. Der Red-Bull-Chef darf seinem Ex-Trainer weiterhin Ungereimtheiten bei Spielertransfers vorwerfen.

Mateschitz wollte die Geschäfte von Anfang an sauber halten. Es gibt wenige Engagements, bei denen er in der Vergangenheit erfolglos blieb, und das sollte auch in Salzburg nicht anders sein. Mit einem Rekordgewinn von 412,8 Millionen Euro im Jahr 2005 war es auch nicht schwierig, dem Verein mit geschätzten 30 bis 40 Millionen Euro jährlich einen Etat zur Verfügung zu stellen, der in Österreich konkurrenzlos ist, aber im Vergleich zu Deutschland dem eines Mittelständlers wie Bochum oder Bielefeld entspricht. Dafür genügt die Besetzung im Führungsstab internationalen Ansprüchen. Als Berater wurde Franz Beckenbauer verpflichtet, und nach dem Abgang Jaras setzte Mateschitz zwei Figuren auf die Trainerbank, die auch im Ausland jede Menge Aufmerksamkeit brachten: Lothar Matthäus und Giovanni Trapattoni, von österreichischen Zeitungen mit dem Etikett Trapatthäus versehen. Beide erfüllten ihre Marketingaufgaben mit Bravour: Der Italiener wedelte beim Anblick österreichischer Provinzstadien showgerecht mit den Händen und sagte, er fühle sich hier an den Fußballplatz seines alten Heimatdorfes erinnert, Matthäus erzählte gern von seiner großen Zeit als Spieler, und seine Ehefrau eröffnete in der Salzburger Innenstadt eine Modeboutique. Jetzt fehlte eigentlich nur noch der sportliche Erfolg zum Glück.

»Unser Ziel heißt natürlich Champions League und internationaler Fußball. Allein für den österreichischen Markt würde sich ein derartiges Engagement nicht rechtfertigen. Da kommt der Bekanntheitsgrad von Red Bull ohnehin gleich nach dem der Lipizzaner, Wiener Sängerknaben und Mozartkugeln«, meint Mateschitz, dessen Logo bereits die Schnauzen zweier Formel-1-Teams ziert.

Im Gegensatz zu Stronach oder Kartnig macht der Einzelgänger aus seinem fehlenden Fachverstand für Fußball keinen Hehl. Bis zu seinem Engagement in Salzburg, so gestand er, habe er in seinem Leben vielleicht zwei Live-Spiele gesehen. Freundschaften mit Fußballern schloss das aber nicht aus. Mit diesem Argument zumindest entkräftete er aufkommende Gerüchte, er wolle den Brasilianer Ronaldo verpflichten, nachdem die beiden beim gemeinsamen Essen gesehen worden waren. So wie die ersten Konsumenten von Red Bull inzwischen erwachsen geworden seien, sei auch die Marke erwachsen geworden und Fußball ein packendes Strategiespiel, an dem man nicht vorbeikomme. Red Bull ist für die Loyalität zu seinen Athleten bekannt, und in diesem Zusammenhang ist auch die Äußerung von Mateschitz zu verstehen: »Wir erfinden neu oder führen von unten zum Erfolg.«

Diese Einstellung gefällt nicht allen. Manche halten dem flugs auf Red Bull Salzburg umgetauften Verein vor, die Atmosphäre im Stadion sei genauso künstlich wie der Plastikrasen, auf dem die Heimspiele ausgetragen werden. Mateschitz änderte die Vereinsfarben der violetten Austria in die Farben von Red Bull. Bei Heimspielen laufen seine Angestellten mit weiß-roten Trikots auf, auswärts in blaurot. Die neuen Chefs machten sich wenig aus den alten Fans, die die Namensänderung noch vertrugen – immerhin hieß der Verein in seiner wechselhaften Geschichte bereits Casino Salzburg, Wüstenrot Salzburg, Gerngroß Salzburg oder schlicht Austria Salzburg. Bei Änderung der Vereinsfarben aber stiegen sie auf die Barrikaden. Das Zugeständnis, dem Kapitän eine violette Schleife über den Arm zu ziehen, empfanden sie nicht als Geste, sondern als Hohn. Red Bull konterte die Proteste mit violett gefärbten Brillen, die bei einem Heimspiel ausgeteilt wurden. Ähnlich wie in Manchester oder Wimbledon, wo traditionsbewusste Anhänger beim Einstieg globaler Investoren die Vereinsseele verkauft sahen, gründeten die Fans im Oktober 2005 einen neuen Verein. Sie ließen den alten SV Austria Salzburg in der untersten Spielklasse auferstehen, der in seiner ersten Saison prompt Meister wurde. 60 Fans, die über »pro-violette« Fanclubs ihre Karten bezogen, bekamen bei Red Bull Hausverbot.

Die Proteste haben Mateschitz nicht beeindruckt, warum auch, das Stadion ist trotzdem meistens ausverkauft. Das neue Entertainment kommt an in der Festspielstadt, es gibt schließlich oft etwas zu feiern. 2007 wurde Red Bull Salzburg mit 19 Punkten Vorsprung überlegener Meister. Da störte es die Zuschauer auch nicht weiter, dass Trapattonis Taktik eigentlich gar nicht zu den Gala-Ansprüchen seines Chefs passte. Er ließ seine Mannschaft mit der gleichen langweiligen Taktik spielen, mit der er den Fans bei Bayern München und beim VfB Stuttgart schon den Spaß vergällt hatte: Hinten steht eine festbetonierte Abwehr, vorn wartet ein einsamer Stürmer auf den Ball, in diesem Fall der Ex-Bayer Alexander Zickler. Der schaffte mit lichter werdendem Haar in Österreich trotzdem, was ihm in Deutschland nie gelungen war, nämlich den Ruf des ewigen Talents abzulegen. Er wurde Torschützenkönig und zweimal zum Spieler des Jahres gewählt.

Mögen sich die Traditionalisten darüber beschweren, dass in Salzburg kein Fußball gespielt werde, sondern eine Karikatur davon, mögen Kommentatoren bezweifeln, dass Mateschitz mit seinem Engagement dem österreichischen Fußball insgesamt weiterhelfe: Das erste Ziel war erreicht, die Mannschaft dominierte die österreichische Liga, wenn auch weitgehend ohne österreichische Beteiligung. Ehemalige Akteure der deutschen Bundesliga wie Niko Kovač oder Thomas Linke, die das Rückgrat der Mannschaft bildeten, waren der nationalen Konkurrenz immer noch weit überlegen. In der Startformation stand oft kein einziger Österreicher, selbst Nationalspieler wie René Aufhauser und Andreas Ivanschitz, immerhin Teamkapitän, taten sich schwer, sich einen Platz in der Mannschaft zu erkämpfen, Ivanschitz wechselte nach nur sieben Monaten in die griechische Liga. Dass Salzburg im ersten Jahr an der Qualifikation für die Champions League scheiterte, war zwar nicht schön, aber auch kein Drama. Jedenfalls vorerst.

Waren bei ähnlichen Misserfolgen bei Stronachs Austria Köpfe gerollt, hielt sich der Stratege Mateschitz im Hintergrund. Er suchte stattdessen nach weiteren Betätigungsfeldern, sein Getränk ist schließlich eine globale Marke. Zeitgleich mit der Einführung von Red Bull in Japan lotste er den dort verehrten Fußballspieler Tsuneyasu Miyamoto von Gamba Osaka in die Mozartstadt, und in der US-amerikanischen Liga läuft Red Bull New York für ihn auf. Auch Deutschland ist in sein Blickfeld gerückt. Im Sommer 2007 stattete er Leipzig einen Besuch ab, wo die Voraussetzungen für eine Übernahme ideal schienen: ein erfolgloser, maroder Verein in einem riesigen, neuen Stadion. So war es in Salzburg auch losgegangen, doch leider erlauben die Statuten, die den deutschen Fußball regeln, nicht, dass sich ein Verein einem Sponsor mit Haut und Namen ausliefert. Für Mateschitz ist das aber die Grundvoraussetzung. »Je etablierter und traditioneller ein Klub ist, umso weniger ist er für uns interessant«, meint er, »der schlechteste Klub, dessen Name in den vergangenen sieben Jahren fünfmal geändert wurde und der eine Minute vor dem Konkurs steht, ist uns lieber als Real Madrid.« Leipzig wird deshalb weiter ohne die Energie aus den Alpen auskommen müssen.

Mit Fußball-Akademien in Ghana und Brasilien will

Mateschitz – zusätzlich zur Akademie in Salzburg, die 2008 voll funktionsfähig sein soll – für den nötigen Nachschub von Talenten für seine auf der Welt verstreuten Vereine sorgen. Red Bull würde ein Netzwerk, das seine Spieler verschiebt wie projektbezogene Freelancer. Für Mateschitz wäre es auch denkbar, einen Verein in der deutschen Bundesliga zu führen und ein reines Nachwuchsteam in der österreichischen, das dort immer noch um den Titel mitspielen würde.

Eine ähnliche Idee hatte auch schon Frank Stronach, aber bei ihm war der Ansatz ein viel patriotischerer. Bereits 2000 hat der stets die Wichtigkeit der Nachwuchsarbeit betonende Austria-Mäzen seine Akademie im bei Wien gelegenen Hollabrunn eröffnet, die »Private Fachschule für Computer- und Kommunikationstechnik für Leistungssportler im Fußball«. Er schluckte dafür das bestehende Herbert-Prohaska-Sportinternat, das davor eine enge Zusammenarbeit mit Austria Wien gepflegt hatte, und modernisierte den Betrieb. Seitdem stellt Stronach den 14- bis 19-Jährigen Unterkunft und Ausbildung gratis zur Verfügung. Die drei Mannschaften der Akademie, die »Magna Mustangs«, spielen im nationalen Nachwuchsbewerb, der ÖFB Toto-Jugendliga, die 1989 mit dem Ziel eingeführt wurde, die jeweiligen Auswahlmannschaften der Bundesländer und Akademien gegeneinander antreten zu lassen. Im Idealfall soll ein Spieler samt Abitur aus der Akademie hervorgehen und sich anschließend bei den Profis der Austria durchsetzen.

Ausgestattet ist die Akademie mit einem Budget von rund drei Millionen Euro jährlich. Irgendwann, so lautet das Ziel, soll sie sich durch Spielerverkäufe finanzieren, aber das lukrative Nachwuchsjuwel ist noch nicht aufgetaucht. Der talentierte Stürmer Sascha Pichler wurde nach Florenz verkauft, konnte sich dort aber nicht durchsetzen und kehrte bald darauf zum LASK nach Österreich zurück. Dem Torhüter Robert Olejnik war ebenfalls kein Erfolg im Ausland vergönnt. Nachdem er in die Jugendmannschaft von Aston Villa gewechselt war, ging es für den Torhüter über Lincoln City nach Schottland zum FC Falkirk. Freimütig räumt man in der Akademie ein, dass Österreich im Scouting-Bereich zwar schon aufgeholt habe, aber immer noch ein Entwicklungsland sei.

Ob es sich nun um selbstlos betriebene Jugendförderung handelt oder um einen Weg zur eigenen Legendenbildung – Stronachs Begeisterung für den Nachwuchs lässt sich nicht abstreiten. 2003 hatte er bereits angeregt, ein Jungnationalteam in der Bundesliga mitspielen zu lassen. Diese »JUNO« genannte Mannschaft könne um Geld statt um Punkte spielen, rund 30 000 Euro pro Partie. So kämen die Klubs zu Geld und die jungen Kicker zur Gelegenheit, ihr Können zu zeigen. Für Stronach »eine Win-Win-Situation«. Ein Jahr später sprach er von einem »Österreich Team«, das wenig später zum »Tiger Team« mutierte. Doch auch die vielen verschiedenen Namen, die sich Stronach überlegt hatte, änderten nichts daran, dass niemand außer ihm selbst diese Idee auch nur im Ansatz ernsthaft in Erwägung zog.

Wenn ein »Tiger Team« gegen die »Jungbullen« von Mateschitz antreten würde, könnte niemand mehr behaupten, im österreichischen Fußball regiere der Muff der alten Funktionärsstuben. Stronach und Mateschitz brachten nicht nur Kapital und neue Kultur, sondern auch jede Menge neues Vokabular in den österreichischen Fußball. Trotzdem ist der Wunsch von ambitionierten Jugendmannschaften gerade in Stronachs Fall ein weiteres Beispiel für die Diskrepanz zwischen Vision und Umsetzung, wie sie für den österreichischen Fußball typisch ist.

Inzwischen ist Stronach müde geworden. Im November

2005 legte er nach erneuter Kritik an der Unvereinbarkeit seiner Ämter das des Bundesliga-Präsidenten nieder. Und im Sommer 2007 wurde der Betriebsführervertrag – eine Vereinbarung, die den Verein in den Magna-Konzern eingliederte – mit der Austria gelöst. Magna ist als Hauptsponsor immer noch der wichtigste Geldgeber des Vereins – nur lässt Stronach seine Leute im Verein machen, anstatt alles selbst erledigen zu wollen. Sein weiteres Engagement macht er vom geplanten Stadionbau in Rothneusiedl abhängig. Nur die Akademie ließ Stronach unverändert, hier sollen weiter die Weltmeister von morgen herangezogen werden.

2007 war nicht der Sommer des österreichischen Klubfußballs und der drei Steirer, die ihn anschieben wollten. Stronach zog sich beleidigt nach Kanada zurück. Er hätte etwas im Fußball bewegen können, hätte er sich nur etwas sagen lassen – oder zumindest von den richtigen Leuten und nicht von denen, die es nur auf sein Geld abgesehen hatten. So urteilen die Österreicher über ihn. Ob er letztlich an seinen Ansprüchen oder seiner Unkenntnis gescheitert ist, wen interessiert das noch. Hannes Kartnig verschwand in U-Haft, aus der er später wieder entlassen wurde. Seitdem wartet er auf seinen Prozess im Sommer 2008. Und Trapattonis Bullen verpassten auch im zweiten Anlauf die Champions League. Langsam wurde Mateschitz ungeduldig. Kurz vor Saisonbeginn hatte er schon Matthäus entfernen lassen, der sich immer weniger mit seiner Rolle als Trapattonis Lehrling hatte arrangieren können. Nach den erfolglosen Qualifikationsspielen gegen Schachtjor Donezk musste auch der Sportdirektor Oliver Kreuzer gehen. Mateschitz warf ihm vor, dass es ihm nicht gelungen war, einen echten Star nach Österreich zu locken. Dass das weniger an Kreuzer als vielmehr an den Zuständen in Österreich lag, war Mateschitz egal. Mit dem, was im österreichischen Fußball los ist, will er sowieso eigentlich lieber nichts zu tun haben.

Mateschitz ist der Einzige, der übrig geblieben ist in der Riege der Steirer. Doch Stronach ist keiner, der anderen einfach kampflos das Feld überließe. Wenn er sich mit Mateschitz auf dem Fußballplatz nicht mehr messen kann, muss er ihn eben auf dessen Terrain angreifen. Im Frühjahr 2007 brachte Stronach seinen eigenen Energy-Drink heraus, »Frank's Energy Drink«. Der Slogan dazu heißt: »Keeps you yodeling all night long.« Mit dem Fußball hat es schließlich nicht geklappt.

Das Konkursmassenphänomen

Operettenliga! Wenn es nur stimmte, was man im Ausland über Österreichs oberste Spielklasse sagt. Dann käme sie so heiter und fröhlich daher wie die »Fledermaus« von Johann Strauß, und nach der Aufführung ginge man mit einem zufriedenen Lächeln nach Hause. Die Wahrheit aber ist: Die Bundesliga ähnelt eher einer italienischen Oper. Es geht um große Träume und enttäuschte Hoffnungen, um Größenwahn und den tapferen Kampf gegen höhere Mächte. Vor allem aber geht es um Geld und das in der Welt des Fußballs gepflegte Klischee, dass es keine Tore schieße. Seit Jahrzehnten versuchen österreichische Vereine vergeblich, der Welt das Gegenteil zu beweisen. Über den Fußball von heute müsste Friedrich Torberg schreiben: »Was eine richtige Bundesliga-Saison ist, wird im Gerichtssaal zu Ende gespielt.«

Seit der Einführung der Zehnerliga 1974 landeten 24 Profiklubs vor dem Konkursrichter. Die Überzeugung, ökonomische Gesetzmäßigkeiten außer Kraft setzen zu können, ist einer der ausgeprägtesten Charakterzüge österreichischer Funktionäre. Insofern war das, was sich zu Beginn des 21. Jahrhunderts in Innsbruck abspielte, nicht nur eine sportliche und finanzielle Katastrophe, sondern auch Ausdruck beeindruckender Charakterstärke. Wie zwei Präsidenten und ein Manager dort einen Verein zuerst zum Meister und dann zum Insolvenzfall machten, ist ein Lehrstück darüber, wie die Österreicher mit ihrer Liga umgehen: sorglos, naiv und manchmal auch a bisserl kriminell. Vom Niedergang des FC Tirol heißt es seitdem, er sei die Mutter aller Konkurse.

Der erste Akt begann in den neunziger Jahren, als sich der Klub vom Mutterverein FC Wacker Innsbruck abnabelte. In den Jahrzehnten davor war es den traditionell in Schwarz-Grün gekleideten Innsbruckern immer wieder gelungen, die Vormachtstellung der Wiener zu durchbrechen, fünf Meistertitel stehen in den Tiroler Annalen. Allerdings waren die Erfolge auf Kristall gebaut: Der Konzern Swarovski, berühmt für seine strahlenden Kunstwerke aus Glas, schoss immer wieder Millionen in den Tiroler Profifußball, was die Innsbrucker ihrem Gönner vor den Toren Innsbrucks ab 1985 damit dankten, dass sie ihm ihren Namen schenkten. Seitdem spielte auf dem Tivoli, der Traditionsspielstätte mitten in Innsbruck, der »FC Swarovski Tirol«, ein Kunstprodukt in blau-weißen Trikots. Da hatte der Verein zum ersten Mal seine Unschuld verloren.

Tiroler aber sind treue Seelen, und außerdem gab es auf dem Tivoli seit jeher viel zu erleben. Bruno Pezzey, der später bei Eintracht Frankfurt und Werder Bremen die Abwehr zusammenhielt, lernte hier das Verteidigen und der schöne Schwabe Hansi Müller das Verehrtwerden. Der Mittelfeldstratege erlebte nach eigenem Bekunden seine schönsten Jahre nicht beim VfB Stuttgart oder in Italien, sondern in Tirol. In den achtziger Jahren führte er den Verein sogar bis ins Halbfinale des UEFA-Cups. In seiner letzten Schaffensphase ließ sich auch Ernst Happel in der frischen Bergluft Tirols nieder. Unter ihm erlebte der Klub seine letzte Blütezeit, die mit den Meistertiteln 1989 und 1990 sowie mit Happels Entscheidung endete, das österreichische Team zur WM 1994 führen zu wollen. Bald darauf verlor auch Swarovski die Lust an seiner Betriebsmannschaft, und der Verein hieß wieder Wacker Innsbruck.

Im Sommer 1993 verabschiedete er sich wieder in die vierte Liga, weil der damalige Präsident Fritz Schwab genug davon hatte, den Verein am Rande des Ruins zu balancieren. Wie 1985 wurde auch dieses Mal die Profiabteilung ausgegliedert und in den neu gegründeten FC Tirol integriert, der Wackers Platz in der Bundesliga einnahm. An der Spitze standen jetzt Männer, die fest im Sinn hatten, die Bergfestung des österreichischen Fußballs aufzubauen: eine Spitzenmannschaft, die den hochnäsigen Hauptstädtern im fernen Wien und am besten auch gleich ganz Europa zeigen sollte, dass Tirol mehr zu bieten hat als verschneite Alpenpanoramen, kristallklare Bergseen und blumenverzierte Holzbalkone. Klaus Mair, Filialleiter einer Bank im benachbarten Seefeld, kam ein Jahr nach der Vereinsgründung ins Präsidentenamt, machte Hans Krankl zum Trainer und stellte ihm einen Kader hin, der in Österreich als »Dream Team« gefeiert wurde. Manni Schwabl kam vom deutschen Meister Bayern München, Souleyman Sané aus Wattenscheid wurde prompt österreichischer Torschützenkönig. Die Österreicher Peter Stöger und Harald Cerny gaben dem Projekt den nötigen Schuss heimischer Authentizität. Doch schon der Start der Tiroler Mission ging daneben. Kurz nach Saisonbeginn wurde Mair verhaftet und später wegen Veruntreuung verurteilt. Er hatte das Geld gutgläubiger Anleger unter anderem in den Aufbau der überteuerten Mannschaft gesteckt. Auch deren Leistungen versetzten zu Beginn niemanden in Ekstase: kein Meistertitel im Briefkopf, keine Begeisterung im Stadion – Krankl wurde wieder nach Wien zurückgeschickt.

Drei Jahre später übernahm mit Martin Kerscher ein Mann das Präsidentenamt, der in jungen Jahren die australische Skinationalmannschaft trainiert hatte und zum Chef von Nike Österreich aufgestiegen war. Kerscher war es nicht gewohnt zu verlieren, auch nicht als Mitglied der österreichischen Golf-Nationalmannschaft, wo er einmal in der Qualifikation für eine Europameisterschaft einen zwölfjährigen Jungen namens Markus Brier ausgestochen hatte. »Er war so angefressen, ich war schon 30 Jahre alt und dachte mir, warum lässt du nicht den Burschen nach Schweden zur Europameisterschaft fahren? Aber da hat mich dann doch der Ehrgeiz gepackt, und ich hab ihn herpaniert«, erzählte er später. Brier wurde der bekannteste Golfprofi des Landes, Kerscher als Präsident des FC Tirol eine gesellschaftliche Größe. Als er die Führung des Vereins übernahm, stand der in finanzieller Hinsicht mit einem Minus von 300 000 Euro für österreichische Verhältnisse gut da. Aber was nützt ein sauberes Konto, wenn man am Ende nicht gewinnt? Kerscher hatte einen Plan.

Um die Mannschaft endlich zum Meister zu machen, musste ein Mann her, der wusste, wie man Geld strecken kann. Kerscher holte jemanden, der damit Erfahrung hatte: Robert Hochstaffl, ein Musikmanager mit sauber gezogenem Mittelscheitel, Ferrari und einer teuren Uhr am Handgelenk. Hochstaffl war Bandleader der »Milser Musikanten« und enger Freund von Johann Hölzl, besser bekannt als Falco. Mit der in Österreich und im ostdeutschen Schleiz beheimateten Firma »Global Marketing Merchandising« vermarktete Hochstaffl TV-Produktionen und verkaufte Musikrechte, die vom »Bergdoktor« genauso wie die von Falco. Hochstaffl machte sich dabei den Steuersondersatz zunutze, der in den neuen deutschen Bundesländern galt.

Dass jemand, der sein Geld im Showgeschäft verdient, als Fußballmanager engagiert wird, begriff in Tirol niemand als Widerspruch, sondern vielmehr als eine runde Sache: Hochstaffl übertrug nämlich sein Steuersparmodell auf den Fußball und behandelte Profis wie Popsongs. Das System war so durchschaubar wie dicker Bergnebel im November: Spieler, die Hochstaffl als Manager des FC Tirol nach Innsbruck holte, traten ihre Persönlichkeitsrechte an seine Firma in Schleiz ab und wurden dafür finanziell entschädigt. Die Agentur führte anfallende Steuern in Ostdeutschland ab. Eine zum Verein gehörende Marketingfirma mit Sitz in Innsbruck, deren Geschäftsführer praktischerweise Hochstaffl selbst war, kaufte seiner eigenen Agentur die Rechte an den Spielern wieder ab. Der Verein sparte so Geld, das er sonst an die Tiroler Finanzbehörde hätte überweisen müssen, und konnte mehr in den Kader investieren. Insgesamt zwölf Spieler wurden so mit Gagen weit über dem österreichischen Niveau nach Innsbruck geholt. Auch Kurt Jara, der 1998 als Sportdirektor verpflichtet worden war und im Sommer 1999 die Mannschaft übernahm, wurde zum von Hochstaffl betreuten Rasenfalco.

Schon ein Jahr später stemmte Jara die Meisterschale in die Luft, einen mit Gold überzogenen Teller mit einem stilisierten Lederball in der Mitte. »In der Heimatstadt Meister werden, was Schöneres gibt es nicht«, sagte Jara, der als Spieler mit Wacker Innsbruck dreimal den Titel gewonnen hatte und danach als Trainer in der Schweiz, Griechenland und Zypern gelandet war. Jara hatte die Vorgabe von Kerscher, ihn innerhalb von vier Jahren zum Meisterpräsidenten zu machen, in der Hälfte der Zeit geschafft. »Ich habe schon immer davon geträumt, seit ich das Präsidentenamt übernommen habe«, sagte Kerscher. »Jetzt ist der Traum Wirklichkeit.« Dass der Verein ein paar Wochen später in der Qualifikation zur Champions League am FC Valencia scheiterte, störte niemanden, am wenigsten den Präsidenten selbst. »Davon hängt das Leben nicht ab, Vorbild für uns ist Bayern München.«

In Wirklichkeit aber war der Verein von der bayerischen Vorlage so weit entfernt wie Tirol von der Costa Brava. Denn schon damals hatte sich der Klub an den Rand des Abgrunds manövriert, es wollte nur niemand zugeben. Ein Jahr später war der Schuldenstand bereits auf elf Millionen

Euro angeschwollen. Um die Situation in den Griff zu bekommen, bemühte sich Kerscher vergeblich, einen Kredit von über 15 Millionen Euro von einer zwielichtigen amerikanischen Leasingfirma zu bekommen.

Der Verein brauchte dringend Geld, und was am Abend des 8. September 2001 auf dem ausverkauften Tivoli geschah, hatte den Anschein, als mache sich jetzt auch noch eine höhere Macht über die Tiroler Not lustig. Champions-League-Qualifikation, Rückspiel gegen Lok Moskau, ein Geschenk des Himmels. Eigentlich war Jaras Mannschaft, die den Gewinn des nationalen Meistertitels hatte wiederholen können, bereits ausgeschieden. Das Hinspiel in Moskau war mit 1:3 verloren gegangen, in Innsbruck hatte Tirol nur 1:0 gewonnen. Doch weil der Schiedsrichter in dieser Partie einem Russen zweimal die gelbe Karte gezeigt hatte, ohne ihn vom Platz zu stellen, musste sie wiederholt werden. Tirol hatte eine zweite Chance bekommen, und die Mannschaft, in der aufopferungsvoll kämpfende Läufer wie Alfred Hörtnagl (der spätere Sportmanager von Rapid Wien) neben treffsicheren Stürmern wie Radoslaw Gilewicz (dem Torschützenkönig der Saison 2000/2001) spielten, war fest entschlossen, das Präsent anzunehmen. Nach einer halben Stunde ging sie mit 1:0 in Führung, nur noch ein Treffer fehlte zum Einzug ins Reich der Millionen. Es folgte ein wütender, von über 15 000 Tirolern frenetisch gefeierter Sturmlauf auf das Tor von Ruslan Nigmatullin. Bis kurz vor Schluss wehrte der Moskauer Torwart ab, was auf ihn zugeflogen kam, doch beim Schuss von Roland Kirchler in der allerletzten Minute war sogar er machtlos. Über halbrechts war der Nationalspieler in die Mitte gezogen, sein Schuss geriet zum dramatischen Finale des Tiroler Höhenflugs. Der Ball flog auf das Tor zu, der große, rettende Triumph war nur noch Zentimeter entfernt – und dann knallte die Kugel gegen die Querlatte. Kurz danach wurde das Spiel abgepfiffen, konsterniert schlichen die Fans aus dem Stadion. Die Vision eines Großklubs, der doch von den Bergen Tirols aus Europa erobern sollte, war am Aluminium zerschellt. Jetzt gingen selbst Kerscher die Ideen aus.

Der Reihe nach verließen anschließend die Protagonisten den Verein: Kurt Jara nahm ein Angebot des HSV an, weil es immer sein Ziel gewesen sei, in einer großen Liga zu arbeiten. Kerscher wurde beerbt von Othmar Bruckmüller, dem Inhaber einer Reifenfirma, der bis dahin nur für die Finanzen des Vereins verantwortlich gewesen war. Nur Robert Hochstaffl blieb in all den Ämtern, die er sich selbst geschaffen hatte. Er war auch der Einzige, der im Dickicht aus Persönlichkeitsrechten und Vertragsklauseln noch den Überblick hatte. Als neuer Trainer wurde ein Mann verpflichtet, der nach glücklosen Jahren in der Türkei und beim Karlsruher SC wieder an die Erfolge seiner ersten Trainerstation beim VfB Stuttgart anschließen wollte: Joachim Löw. Tatsächlich aber wurde er Zeuge des kompletten Zusammenbruchs. Denn wenige Monate nach dem Moskau-Trauma stellte sich heraus, dass angesichts der Schulden, die der Verein aufgetürmt hatte, nur der Gewinn der Champions League den Kollaps wirklich hätte verhindern können.

Am 17. Juni 2002 verstarb der FC Tirol, mit Verbindlichkeiten von insgesamt 30 Millionen Euro oder 50 oder 60, so genau kann das bis heute keiner sagen. In den Wochen zuvor war die Last der Schulden immer erdrückender geworden, Stück für Stück kam jetzt die Wahrheit ans Licht. Der Rechtehändler Hochstaffl hatte sich nicht nur dem Wohl des Tiroler Fußballs verpflichtet gefühlt, sondern in besonderem Maße auch dem seiner Firma, für die er aus dem Rechtegeschacher satte Provisionen verrechnet hatte. Wo das Geld landete, blieb im Dunkeln, er selbst beteuerte, er habe alles in den Unterhalt der teuren Mannschaft gesteckt. Der Reifenhändler Bruckmüller hatte stets versichert, es gebe keine Probleme, monatelang hatte er die Mannschaft belogen und noch wenige Wochen vor dem Zusammenbruch sogar Spielerverträge verlängert. Zum Schluss sagte er sogar schriftlich zu, für die Schulden aufzukommen. Im Hintergrund aber versuchte er, sein Privatvermögen in Sicherheit zu bringen. Die Fußballer, die zum Teil über Monate auf ihre Gehälter hatten warten müssen, gerieten jetzt in den Verdacht, über das Steuerparadies Schleiz den Tiroler Finanzbehörden Abgaben vorenthalten zu haben. Dass die Mannschaft in all dem Chaos vorher noch den dritten Meistertitel gewonnen hatte, ging da schon fast unter. Denn gleichzeitig drohte dem Verein der Entzug der Bundesliga-Lizenz. Um den Verein zu retten, sollte Präsident Bruckmüller kurzfristig 4,5 Millionen Euro herbeischaffen. Immer wieder versprach er, das Geld zu besorgen, und brach sein Wort genauso oft. Mitte Juni wurde es der Liga dann zu bunt, sie entzog den Tirolern endgültig die Spielberechtigung. Dem amtierenden Meister!

Nach nur zehn Jahren wurde der Verein, der als Großklub am Reißbrett entworfen worden war, wieder aufgelöst. Aus seinen Trümmern entstand ein neuer Verein, der sich zwei Etagen tiefer mit der Werkssportgemeinschaft Wattens in der Regionalliga zusammentat, im traditionellen Schwarz-Grün. Joachim Löw, der bis zum Schluss nicht hatte glauben wollen, dass so etwas im Profifußball möglich ist, verließ Innsbruck fassungslos. »Eine halbe Stunde, bevor der Lizenzentzug verkündet worden ist, hat mir Bruckmüller noch versichert, dass alles okay sei.« Zumindest für die Tiroler selbst nahm das Drama ein versöhnliches Ende. Die Mannschaft aus Nachwuchsspielern, angeführt von Alfred Hörtnagl, der eine Verpflichtung darin sah, etwas Neues aufzubauen, kämpfte sich nach nur zwei Jahren in die Bundesliga zurück. Die Fans, die in den Meisterjahren für einen 14 000er-Zuschauerschnitt gesorgt hatten, begleiteten den Neuanfang mit derselben Euphorie. Ihre Wut entlud sich gegen jene, die ihnen vorgegaukelt hatten, der Verein sei reif für die große Bühne, und jetzt ein Bauerntheater inszenierten.

Hochstaffl beklagte sich, er werde in Tirol angefeindet, »als wäre ich der größte Verbrecher nach Hitler«, und legte großen Wert auf die Feststellung, er habe schon lange vor dem Crash einen rigiden Sparkurs verlangt. Kerscher beschuldigte Hochstaffl, er habe hinter seinem Rücken Spielerverträge mit Geheimvereinbarungen abgeschlossen. Bruckmüller beschuldigte Hochstaffl, seine Unterschrift gefälscht zu haben. Und Hochstaffl beschuldigte Bruckmüller, das Versprechen gebrochen zu haben, den Verein mit seinem Vermögen zu retten. »Er wollte alles allein machen, das war sein Todesurteil«, maulte Hochstaffl. Dass der FC Tirol sich am Aufbau einer international konkurrenzfähigen Mannschaft verhoben hatte, sei doch kein Tiroler Problem, sondern ein grundsätzlich österreichisches. »Es weiß doch eh jeder: Profifußball ist in Österreich ohne Zuwendungen von dritter Seite nicht mehr möglich. Bei uns fehlen die Fernseheinnahmen. Damit kann ein Verein gerade zwei Spieler finanzieren. Und ohne die Champions League kann man unmöglich Geld verdienen«, sagte Hochstaffl. Die Richter verurteilten ihn wegen Untreue trotzdem zu vier Jahren Gefängnis. Im Sommer 2007 trat der Mann, der bis dahin weiter fleißig als Spielervermittler unterwegs war, seine Haftstrafe an. Die Profis mussten etwa eine Million Euro an Steuern an die Tiroler Finanzbehörden nachzahlen.

Der Zusammenbruch des FC Tirol brachte zudem die desaströsen Zustände im österreichischen Fußball insgesamt ans Licht. Die Pleite zeigte die komplette Machtlosigkeit der Ligagremien beim Versuch, den Verein bei seinen Machenschaften unter Kontrolle zu halten. Außerdem offenbarte sie ihre Chancenlosigkeit, einen Spitzenverein mit so viel Geld auszustatten, dass er auf europäischem Parkett mithalten kann.

Formal unterscheidet sich die Liga nicht von anderen Profiligen in Europa. Seit 1991 wird sie als eigenständiges Mitglied im ÖFB geführt, sie ist damit gleichberechtigt mit den neun Landesverbänden und organisiert eigenständig den Spielbetrieb. 1996 wurde das international übliche, von der UEFA vorgeschriebene Lizenzierungsverfahren eingeführt, bei dem die Vereine nachweisen müssen, dass sie sich den Spielbetrieb auch wirklich leisten können. Seitdem überprüft die Liga, ob die Klubs die wirtschaftlichen und organisatorischen Mindeststandards einhalten, um einen Profiklub zu führen. Wie in anderen Ländern reichen die Vereine vor Saisonbeginn ihre Unterlagen ein, die dann von Fachleuten geprüft und beurteilt werden. Und da fängt das Problem an.

Unter Stronachs Führung sorgten die Klubpräsidenten dafür, dass die Liga nur noch das zu Gesicht bekam, was die von den Vereinen selbst bestellten Wirtschaftsprüfer weitergaben. Die Fachleute erhielten nicht mehr Einsicht in die Vereinsbücher, sondern nur noch in die Bilanzberichte vermeintlich unabhängiger Prüfer aus dem Umfeld der Klubs.

Wie wirkungslos damit das ganze Lizenzierungsverfahren wurde, zeigte sich immer dann, wenn ein Verein in Zahlungsschwierigkeiten geriet. Da drückten die anderen Vereinspräsidenten lieber beide Augen zu, als ihm die Lizenz zu verweigern. Beim nächsten Mal hätte man selbst von der Gnade der anderen abhängen können. Außerdem wurde für solche Fälle ein Feuerwehrtopf eingeführt, in den die Vereine einzahlten, um einem in Not befindlichen Klub vorübergehend aus der Klemme zu helfen. In der österreichischen Liga gab es zwei ungeschriebene Grundsätze: Es wird schon nichts passieren. Und wenn ein Verein dann doch mal in Schwierigkeiten steckt, wird er von den anderen eben so lange unterstützt, bis es wieder besser läuft. Das Geld musste er dann allerdings auch wieder zurückzahlen, es hatte keiner etwas zu verschenken. Nachdem er für den FC Tirol leer geräumt worden war, wurde der Topf nie mehr aufgefüllt.

Obwohl längst bekannt war, wie schlecht es um den Verein stand, bekam er in den Jahren 2000 und 2001 eine neue Lizenz. Und der Ligavorstand überwies noch zu einem Zeitpunkt Geld nach Innsbruck, als der Klub schon nicht mehr zu retten war. Zum Glück für den Vorstand hatte der damalige Leiter der Rechtsabteilung der Liga schon vorher eine in Amerika übliche Haftpflichtversicherung für Führungskräfte abgeschlossen, die für einen Teil des Schadens aufkam, den der Vorstand verursacht hatte. Der Grat zwischen notwendiger Hilfe für einen angeschlagenen Verein und illegaler Unterstützung eines Bankrotteurs ist sehr schmal in einer Liga, in der es nicht gelingt, genug Geld zu erwirtschaften, um die Träume ihrer Präsidenten, der Fans und auch der Medien finanzieren zu können.

Hinter den finanziellen Himmelfahrten steckt nicht nur die Geltungssucht von mächtigen Männern, sondern auch die Sehnsucht nach einem Ende der Bedeutungslosigkeit des österreichischen Fußballs. Dass der Meister in die Champions League gehört, ist eine Überzeugung, die in den Köpfen aller feststeckt, die mit dem Fußball zu tun haben. Weil die europäische Eliteliga den Titelträger aus Österreich aber inzwischen nur noch mitspielen lässt, wenn er sich vorher durch mehrere Qualifikationsrunden gezwängt hat, an deren Ende oft ein Gegner aus einer der starken Ligen wartet, setzt immer wieder ein fataler Kreislauf ein: Fans und Medien verlangen nach neuen Spielern, mit denen die Qualifikation doch bittschön zu schaffen sein müsste, die Vereinsfunktionäre lassen sich auf waghalsige Finanzierungsmodelle ein und nehmen für ihre Mannschaften Kredite auf die Zukunft auf. Geht alles gut, kann man die hohen Gehälter auch wirklich auszahlen, die man versprechen musste, weil die Kicker, die man für einen solchen Erfolg braucht, sonst gar nicht erst gekommen wären. Geht die Qualifikation dann schief, stellen die Medien überrascht fest, dass die Mannschaft für die heimische Liga viel zu teuer ist.

Dabei tun die Profivereine alles, um auch ohne die Millionen aus der Champions League flüssig zu bleiben. Es ist ein Kampf, den sie nicht gewinnen können. Zwar haben die Österreicher eine erstaunliche Kreativität entwickelt, auch noch das letzte Stück Trikotstoff zu vermarkten, die Sponsoren prangen auf Brust, Waden und dem Hintern. Austria Wien war der erste Verein Europas, der 1966 auf seinem Trikot das Logo eines Sponsors platziert hatte: einen kleiner Bierkrug, für 500 000 Schilling, umgerechnet etwa 35 000 Euro. Auch bei der Suche nach neuen Geldgebern demonstrierten österreichische Teams ihren Erfindungsreichtum, der Simmeringer FC beispielsweise lief in den achtziger Jahren mit dem Schriftzug »Wir suchen einen Sponsor« aufs Feld. Die Trainer tragen ihren Anteil bei und geben Interviews in Anzügen, die mit den vielen Schildchen am Revers aussehen, als hätte jemand nach dem Einkauf vergessen, die Etiketten zu entfernen. Der Vereinsname wird sowieso regelmäßig an den Sponsor angepasst, und sogar die beiden Profiligen werden jeweils nach dem benannt, der das meiste Geld bezahlt.

Doch all das wirft bei weitem nicht genug ab, um die viel zu niedrig dotierten TV-Verträge auszugleichen. Dort klafft in Österreich das größte Loch. Jahrzehntelang übertrug der öffentlich-rechtliche ORF die Bundesliga zu einem Preis, der der dürftigen Qualität der Übertragungen entsprach. 1996 wurden die Rechte, hinter dem Rücken des damaligen Ligapräsidenten, für etwa sechseinhalb Millionen Euro an die deutsche Vermarktungsagentur ISPR verkauft, die sie an den österreichischen Ableger von Sat.1 weiterveräußerte, immerhin zum Dreifachen dessen, was der ORF vorher hatte bezahlen müssen. Seitdem wechseln die Rechte zwischen Privatfernsehen und Öffentlich-Rechtlichen auf niedrigem Niveau hin und her. Auch das Pay-TV-Geschäft ist bei weitem nicht so lukrativ wie in anderen Ländern. In der Saison 2007/2008 brachten die Verträge mit dem ORF und Premiere knapp 15 Millionen Euro ein. Die englische Premier League verdiente im selben Jahr 1,4 Milliarden Euro, die deutsche Bundesliga immer noch 440 Millionen. Dieser Standortnachteil ist nicht aufzuholen.

So ist es ein Glück für den österreichischen Fußball, dass es Männer wie Gernot Zirngast gibt – auch wenn ihn viele für ein Übel halten. Kaum einer kennt sich so gut mit Konkursen aus wie der großgewachsene Steirer, der mit 17 Jahren das Gymnasium schmiss, um Profi zu werden: Alle fünf Vereine, bei denen er spielte, gingen früher oder später in Konkurs. »Ich bin 1983 in die Liga gekommen, seitdem gibt es im Schnitt einen Konkurs pro Jahr. Drei, vier Vereine zahlen pünktlich ihre Gehälter, bei den anderen ist das nicht der Fall, das schlägt natürlich aufs Gemüt«, sagt der Mittvierziger, der sich die sportliche Figur genauso bewahrt hat wie seinen Humor, obwohl das manchmal schwierig war. »Wenn man mitbekommt, was im österreichischen Fußball los ist, verliert man irgendwann die Freude am Fußball, dann macht man es irgendwann nur noch, weil es ein Job ist.« Um andere vor dem zu bewahren, was er in seiner Karriere erlebt hat, ließ er sich 1997 zum Vorsitzenden der Spielergewerkschaft VdF wählen. Die wurde 1988 ursprünglich gegründet, um Spieler in Vertragsfragen zu beraten. Inzwischen ist sie zu einem bedeutenden Faktor der Fußballszene geworden. Seit 1997 vergibt sie jährlich den »Bruno« für die besten Spieler, Trainer und Mannschaften des Jahres, der Preis ist nach Bruno Pezzey benannt, der am Silvestertag 1994 bei einem Eishockeyspiel an einem Herztod starb. Am Ende jeder Saison stellt die VdF eine so genannte »andere Tabelle« auf, errechnet nach einem Punktesystem, für das die Profis danach befragt werden, welcher Verein die Gehälter pünktlich zahlt und wo die Verträge tatsächlich eingehalten werden. Die Spielergewerkschaft gehört inzwischen zu den stimmgewaltigsten Kritikern des österreichischen Fußballs. Es will ihr nur kaum jemand zuhören.

Auch vor dem Zusammenbruch des FC Tirol hatte die VdF immer wieder gewarnt. In ihrem Magazin »Spieler« schrieb sie Geschichte um Geschichte, in der sie auf die Probleme in Innsbruck hinwies, doch eher wurde die Gewerkschaft als Nestbeschmutzer hingestellt, als dass sich tatsächlich jemand ernsthaft mit ihren Warnungen auseinandergesetzt hätte. Zirngast meint: »Wir können hier aus wirtschaftlichen Gründen keinen internationalen Topklub formen, auch weil die Spieler, die man dafür bräuchte, nicht in Österreich spielen wollen. Wir kriegen nur die abgetakelten Stars. Eigentlich müssten wir auf unsere Möglichkeiten schauen und das Geld besser investieren. Aber das ist nicht möglich, weil die Vereinspräsidenten unter dem Druck der Öffentlichkeit stehen. Sie schauen nur auf ihren eigenen Verein, nach ein paar Jahren sind sie wieder weg. Und der PR-Journalismus deckt alle kritischen Stimmen zu, das schafft in Österreich sonst nur der Skiverband.« Zirngast übernahm den VdF-Vorsitz, weil er dachte, er könnte den Verantwortlichen klarmachen, dass es so nicht weitergehen kann. Er hat sich getäuscht, im Winter 2006 ist er vom Vorsitz zurückgetreten.

Der ständige Kampf gegen die Präsidenten und die Ernüchterung darüber, dass die österreichischen Medien ihn und seine Mitstreiter im Kampf für einen sauberen Fußball alleingelassen haben, hatten Zirngast zermürbt. Er war auch daran gescheitert, die Zeitungen zu einem kritischen Umgang mit dem Fußball zu erziehen. All die Gespräche mit Redakteuren, die unaufgefordert in die Redaktionen geschickten Gewerkschaftszeitschriften, die von der VdF versandten Pressemitteilungen haben nichts daran geändert, dass die Redaktionen mit dem Lieblingssport der Österreicher so weich ins Gericht gehen, als bereitete ihnen jedes kritische Wort körperliche Schmerzen. Diese Haltung hat zwei Ursachen: Zum einen sind viele Verlage mit den Vereinen wirtschaftlich verbandelt, das geht sogar so weit, dass Zeitungen als Klubsponsoren auftreten. Zum anderen pflegen viele Redakteure eine enge Verbindung zu den Funktionären, und die österreichische Szene ist so übersichtlich, dass die symbiotischen Verhältnisse zum Teil über Jahrzehnte bestehen. Da fällt es eben schwer, über die Arbeit dessen streng zu urteilen, mit dem man am Abend vorher noch im »Heurigen« bei einem Glaserl Wein zusammengesessen hat. Das ist vor allem in den Bundesländern so, in der Steiermark, in Tirol oder in Salzburg. In der Hauptstadt Wien sitzen mit dem »Standard« und dem »Kurier« zwar zwei überregionale Qualitätszeitungen, die sich eine kritische Haltung bewahren. Doch deren publizistische Macht ist draußen im Land zu gering, als dass sie gegen die der Regionalzeitungen ankämen.

Der Fußball braucht die Presse, die Presse braucht den Fußball – und alle zusammen den Erfolg. Eine Spielergewerkschaft, die alles immer nur schlechtmacht, braucht kein Mensch. Zirngast hat sein Betätigungsfeld inzwischen gewechselt, er sitzt jetzt der technischen Kommission der internationalen Spielergewerkschaft vor. »Jedes Mal, wenn ich aus dem Ausland wieder nach Hause komme, merke ich, was für ein Chaos herrscht. Es gibt zwar Bestrebungen, den Fußball auf gesunde Beine zu stellen, aber erst mal müssen die Verantwortlichen weg, die jahrelang zugeschaut haben. Was wir hier brauchen, ist ein neuer Weinskandal.«

Im Frühjahr 2007 schien es, als ginge Zirngasts Wunsch in Erfüllung. Was sich in Graz, der Hauptstadt der Steiermark, ereignete, erreichte schon fast die Dimensionen des Desasters, das österreichische Weinbauern 1985 angerichtet hatten, als sie ihre Produkte mit Alkohol auffüllten, der eigentlich in Frostschutzmittel gehört. Der Kater, mit dem die Fußballfans danach aufgewacht sind, dürfte jedenfalls ähnlich gewesen sein wie nach dem Genuss eines Glases Glykol.

Zweimal hat die zweitgrößte Stadt Österreichs in den letzten Jahren auch außerhalb des Landes für Aufsehen gesorgt. Im Winter 2006 untersagte der kalifornische Gouverneur Arnold Schwarzenegger den Stadtoberen, dass das Fußballstadion weiter seinen Namen tragen dürfe. In Graz hatte es böse Proteste gegen seinen Umgang mit der Todesstrafe gegeben, also schrieb Schwarzenegger einen ebenso bösen Brief, und der Schriftzug mit seinem Namen wurde am Stadion abgehängt. Ein Jahr später meldeten beide Bundesligavereine, die hier ihre Heimat haben, beinahe gleichzeitig Konkurs an. Auf ihre Spitzenklubs, Sturm und den GAK, waren die Grazer mal genauso stolz wie auf den ehemaligen Bodybuilder, der vom steirischen Dörfchen Thal auszog, um in Amerika erst zum Terminator und dann zum Republikaner zu werden. Dass Schwarzenegger und der Fußball die Stadt, in der im März 1894 das erste dokumentierte Fußballspiel auf österreichischem Boden stattgefunden hatte, zum Gespött des Landes machten, war für die Grazer schwer zu verkraften.

Die Geschichte vom Konkursmassenphänomen in der Steiermark ist die einer Rivalität zweier Vereine, die sich in einem absurden Wettstreit gegenseitig in den Untergang trieben, so wie zwei ungleiche Brüder, die in einem erbitterten Duell jahrelang um dieselbe Frau buhlen – und am Ende kriegt sie keiner. Jahrzehntelang stand der Grazer Athletiksportklub im Schatten des Konkurrenten Sturm, vor allem in den neunziger Jahren, in denen der Schatten des Hannes Kartnig die ganze Stadt überdeckte. Kartnigs Klub hatte mehr Erfolg und mehr Glamour, und das war für den Verein, der auf seiner Homepage trotzig darauf hinweist, dass er in der ersten Hälfte des 20. Jahrhunderts der erfolgreichste Fußballverein der Steiermark gewesen sei, ein untragbarer Zustand. Seit den siebziger Jahren pendelte der 1902 gegründete Grazer AK zwischen Bundesliga und Erster Liga (unter anderem, weil nach der Ligareform 1974 in der Zehnerliga neben Sturm kein Platz mehr für ihn war), holte immer wieder mal den österreichischen Pokal oder zog in den UEFA-Cup ein. Doch immer kam auf dem Weg nach ganz oben irgendetwas dazwischen: ein verlorenes Elfmeterschießen (wie 1996 gegen Inter Mailand) oder ein Elfmeter in der Nachspielzeit (wie im November 1999 beim Rückspiel gegen Panathinaikos Athen). Für einen wirklich großen Wurf war stets zu wenig Geld in der Kasse. Das ging sogar so weit, dass auch mal der Trainer seinen Geldbeutel öffnen musste, wie Mitte der neunziger Jahre August Starek. »Der Klub litt unter einer gewissen Geldnot, und ich habe damals mit einer Spielhalle gut verdient. Ich hatte immer sehr viel Bargeld bei mir, und weil die Spieler schon ziemlich geraunzt haben, hab ich ihnen die Marie halt vorgestreckt. Das war keine besondere Leistung, und ich habe das Geld vom Klub dann auch zurückbekommen. Ich war meistens bei Vereinen mit finanziellen Problemen«, erzählte der »schwarze Gustl« später. Er hieß so, weil nicht nur sein Humor so düster war. Auch sein Nachfolger konnte nichts an der Dominanz des Rivalen ändern. Nach seiner Zeit als Co-Trainer bei Bayern München unternahm Klaus Augenthaler die ersten Gehversuche als Chef beim GAK, er blieb drei Jahre, bevor er zum 1. FC Nürnberg in die zweite deutsche Bundesliga wechselte.

Der Erfolg, von dem eine Zeitung schrieb, der GAK habe damit endgültig das Image abgelegt, ein guter, aber kein großer Klub zu sein, glückte erst mit Walter »Schoko« Schachner – dem Mann, der bei Austria Wien seinen Platz für Christoph Daum hatte räumen müssen, weil man ihm vorgeworfen hatte, zwar ein guter, aber kein großer Trainer zu sein. Unter Schachner wurde der GAK 2004 zum ersten Mal in seiner Vereinsgeschichte Meister. »Ein rotes Wunder«, jubelte die Presse. Aber wieder war es eines, das nicht billig zu haben war. Schachner war vor allem groß im Geldausgeben, die Meistermannschaft war die mit Abstand teuerste, die der GAK jemals zusammengekauft hatte. Ein Erfolg nach Innsbrucker Vorbild, auch was die Bemühungen betraf, sich für die Champions League zu qualifizieren. 2002 war der Klub pikanterweise für den FC Tirol nachgerückt und an Valencia gescheitert, 2004 trat der Verein dann als Meister an und schied gegen Liverpool aus. Da nützte es auch nichts, dass es den Grazern gelungen war, die Briten an der Anfield Road mit 1:0 zu schlagen, zu Hause hatten sie mit 0:2 verloren. Es war die einzige Heimniederlage der Liverpooler in einem Wettbewerb, den sie im darauffolgenden Mai in einem legendären Finale gegen den AC Mailand im Elfmeterschießen gewinnen sollten. Es war zudem der erste Sieg einer österreichischen Vereinsmannschaft auf der Insel überhaupt – ein Erfolg für die Geschichts-, aber eben nicht für die Bilanzbücher.

Als vor der Saison 2006/2007 bekannt geworden war, dass neben Sturm auch der GAK in ernsten Schwierigkeiten steckte, wollte die Liga beweisen, dass sie aus dem Tirol-Crash ihre Lehren gezogen hatte. Sturm wurde die Lizenz zunächst verweigert und nur erteilt, weil sich die steirische Landesregierung für den Verein verbürgte. Dem GAK wurde auferlegt, jeden Monat eine so genannte Liquiditätsplanung vorzulegen, um nachzuweisen, dass das Geld auch für die nächsten vier Wochen noch reicht. Es schien, als seien alle Vorkehrungen für eine reibungslos ablaufende Saison getroffen. Es kam natürlich anders.

Im Oktober meldete Kartnig Konkurs an, Schuldenstand: 16 Millionen. Ein halbes Jahr später wies die FIFA die österreichische Liga an, dem GAK sechs Punkte abzuziehen, weil der Verein einem ehemaligen Spieler 350 000 Euro schuldig geblieben war. Etwa zur gleichen Zeit reichte der GAK einen Konkursantrag über 15 Millionen Euro ein. Jetzt wurde es sogar den Verantwortlichen der Liga zu bunt. Sie bestraften Sturm mit einem weiteren Abzug von zehn Punkten. Dem GAK entzogen sie 22 Punkte, mit dem Strafmaß der FIFA kamen 28 Minuspunkte zusammen. Zumindest ein Verein aus Graz hatte damit geschafft, was sich beide so fest vorgenommen hatten. Er spielte in einer eigenen Liga, auf dem letzten Platz mit einem Punktestand von minus eins.

Es folgte ein wochenlanges Gezerre, in dem es vordergründig um Punkte, Lizenzen und Gläubigerinteressen ging. Tatsächlich aber stand die Zukunft des österreichischen Fußballs auf dem Spiel: Der GAK verweigerte den Instanzen der österreichischen Sportgerichtsbarkeit den Gehorsam, zog vor ein ordentliches Gericht und ließ sich die abgezogenen Punkte wieder zuerkennen, auch die der FIFA. Das führte zur Drohung des Weltverbandes, Österreich von allen europäischen Wettbewerben auszuschließen, und wenn es sein musste, auch von der Europameisterschaft im eigenen Land. Vereinspräsidenten aus den unteren Ligen kündigten für den Fall, dass der GAK damit erfolgreich sei, Klagen an, weil man die Großen immer gewähren lasse und die Kleinen jage. Am Ende akzeptierte der GAK das Strafmaß, ein paar Monate später stellte er sogar komplett den Spielbetrieb ein.

Wieder einmal hatte sich erwiesen, dass auch die besten Vorsätze nichts nützen, wenn sich keiner daran halten mag. Nur wenige Wochen später beschlossen deshalb die Klub-Präsidenten »eines der schärfsten Lizenzierungsverfahren, das es in Europa gibt«, und verkündeten: »Wir werden keinen Fall wie den GAK mehr haben.« Künftig werde jeder Verein, der in den Konkurs geht, automatisch in die nächsttiefere Spielklasse versetzt. Außerdem wurde das für die Lizenzierung zuständige Gremium für einen Vertreter der VdF um einen Sitz erweitert. Das sei »ein starkes Signal, dass es nur miteinander geht«, sagte Martin Pucher, seit 2006 Stronachs Nachfolger als Präsident der Profiligen. Mit dem SV Mattersburg, einem Bundesligisten aus der burgenländischen Provinz, hatte Pucher gezeigt, dass man einen Verein auch ordentlich führen und trotzdem oben mitspielen kann.

Nachdem Stronach vom Ligavorsitz zurückgetreten war, hatte die Liga darüber nachgedacht, eine gesellschaftliche Größe von außerhalb zu berufen, die nicht im ständigen Interessenkonflikt zwischen Liga und Verein feststeckt. Der Gedanke wurde aber schnell verworfen, weil Pucher für die meisten als der ideale Kandidat galt. Er sagte etwas, was neu war im österreichischen Fußball. »Spieler sind volljährige, erwachsene Menschen. Sie sind nicht entmündigt. Sie sollen ihr Kopferl einschalten. Bisher lief es so: Egal, wie sie ihr Geld bekommen, welche Versprechungen gemacht werden, solange sie es erhalten, sind sie zufrieden.

Und wenn sie es dann nicht mehr bekommen, rennen sie zum Arbeitsgericht. Ein Spieler hat nicht nur das Recht, sondern auch die Pflicht, sich in der Vertragsvereinbarung die Frage zu stellen: Ist das auch realistisch? Es kann nicht sein, dass die Spieler immer die Armen sind und die anderen immer die Deppen.« Dass die Fußballer für das, was sie auf dem Platz leisten, zu viel Geld kassieren, ist ein Vorwurf, der in den letzten Jahren in Österreich immer lauter wurde. Pucher ist überzeugt, dass der Fußball nur gesunden kann, wenn alle Verantwortung dafür übernehmen, und dazu gehören eben auch die Spieler.

So könnte dies ein versöhnliches Ende eines an sich traurigen Kapitels sein: eine Liga, die sich strenge Regeln setzt, Präsidenten, die erkannt haben, dass deren Einhaltung dringend nötig ist, und Fußballer, die sich in ihren Gehaltsvorstellungen bescheiden und protestieren, wenn sie mitbekommen, dass wieder ein Verein mit dem Betrügen beginnt.

Wäre da nicht der Fall Dennis Mimm, der zeigt, was passiert, wenn ein Fußballer tatsächlich Verantwortung übernimmt. Mimm spielte bei Wacker Innsbruck, dem Verein, der aus den Trümmern des FC Tirol entstanden war und sich in die Bundesliga zurückgekämpft hatte. Im Winter 2006 war Mimm als Spielervertreter gerade frisch in den VdF-Vorstand gewählt worden, als er in einem Interview den Vorwurf erhob, dass viele Vereine mit ihren Spielern mehrere Verträge abschlössen, »einen offiziellen für den Verein, einen für die Bundesliga und einen, der dann wirklich zählt«. Eine Praxis, mit der die Vereine gern verschleierten, wie viel sie ihren Spielern tatsächlich bezahlen – strenge Regeln hin, gute Vorsätze her. Die Ligapräsidenten hätten sich nun mit Mimm an einen Tisch setzen können, um zu klären, welche Vereine er meinte und ob er seine Anschuldigungen beweisen könnte. Stattdessen zitierten sie Mimm vor das Ethikkomitee, wo er für seine Aussagen zur Rechenschaft gezogen wurde. Es ging ihnen weniger um die Aufarbeitung der Vorwürfe als vielmehr um eine Zurechtweisung. Denn wer öffentlich Kritik üben darf und wer nicht – das entscheiden in Österreich immer noch die Präsidenten.

»Heimweh hat seinen Preis« –
Der Aufstand der Provinz

Wenn man den Mann besuchen möchte, der den österreichischen Fußball wieder auf gesunde Beine stellen will, muss man durch die Gustav-Degen-Gasse von Mattersburg. Es ist ein ruhiger Vormittag, das »Peacock«, ein Bierpub, das aussieht, als habe man es in einer englischen Kleinstadt ab- und hier wieder aufgebaut, hat noch geschlossen, vor der Konditorei Harrer sitzen die alten Damen und trinken ihren Kaffee. Am Ende der Gasse presst sich ein in Rosa getünchtes Gebäude mit Blumenkästen vor den Fenstern in die Häuserzeile, es ist der Sitz der Commerzialbank. Sechseinhalbtausend Menschen wohnen in der Bezirkshauptstadt im Burgenland, dem Bundesland, das sich östlich der Hauptstadt bis an die ungarische Grenze erstreckt. Sie führen ein beschauliches Leben. Nur einer kann der Ruhe nichts abgewinnen. Martin Pucher, ein fülliger Mann mit Schnurrbart und schmuckloser Brille, kommt schnellen Schrittes in den Besprechungsraum der Bank geeilt. Er bestellt bei der Assistentin Kaffee für seine Gäste und sagt: »Burschen, ich hab nicht viel Zeit, maximal eine halbe Stunde.« Sein Zeitplan ist eng. Pucher ist der Direktor der Commerzialbank, bei der er seit 1976 arbeitet, außerdem Obmann des SV Mattersburg und nebenbei Präsident der österreichischen Profiligen. Genauso könnte man aber auch sagen: Der Ligapräsident und Obmann des SV Mattersburg ist nebenbei auch noch Bankdirektor. Der jedoch hat jetzt erst einmal Pause.

Der 51-Jährige ist der fleischgewordene Gegenentwurf zu den Phantasien der Großstädter, die glauben, man könne sich den sportlichen Erfolg erkaufen. Von Salzburg, Graz und Wien ist Mattersburg, drittgrößte Stadt im Burgenland, zu weit entfernt, um von diesem Fieber angesteckt werden zu können. Und wer wie Pucher hier geboren ist, als eines von neun Kindern eines Friseurmeisters, hat gelernt, mit dem auszukommen, was man hat, und nicht über seinen Verhältnissen zu leben. Innerhalb von 15 Jahren hat er den SV Mattersburg aus der fünften Liga bis in die Bundesliga geführt, kontinuierlich, Schritt für Schritt. Viele Österreicher glauben, dass die Gesundung ihres Fußballs nur von der Provinz ausgehen kann, weil hier Männer am Werk sind, die solide wirtschaften, auf den Nachwuchs setzen und ihm Zeit geben, sich zu entwickeln. Kein anderer verkörpert diese Philosophie mit so viel Leidenschaft wie Martin Pucher, der in diese Rolle schlüpfte, weil sie kein anderer haben wollte. Und weil seine Frau Elisabeth am Morgen des 10. Juli 1988 so beharrlich geschwiegen hat.

Der SV Mattersburg war gerade auf dem Tiefpunkt seiner fast sechzigjährigen Geschichte angekommen, Platz zehn in der fünften Spielklasse, so schlecht stand der Verein noch nie da. In den sechziger Jahren war der Klub noch knapp am Sprung in die Bundesliga gescheitert, ein paar Minuten vor Schluss hatte ein für die Mattersburger spielender Wiener einen Elfmeter verschossen und wechselte danach zum Simmeringer FC, der stattdessen aufgestiegen war. Pucher hat das Drama hinter dem Tor miterlebt, als neunjähriger Knirps. So etwas verbindet. »Es gibt im Fußball nicht nur schöne Zeiten, aber man tut sich leichter, bei der Stange zu bleiben, wenn man eine emotionale Bindung hat. Der Fußball ist ein Spiegelbild des Lebens, da geht es auch nicht in einer Einbahnstraße in den Garten Eden.« Solche Sätze sagt Pucher gern, für ihn ist Fußball nicht nur ein Spiel, sondern auch die Philosophie des kleinen Mannes.

Im Juli 1988 war der Verein auf der Suche nach einem

Präsidenten, und Pucher, der hier noch selbst gespielt hat, hatte seinem Bruder versprochen, zur Versammlung zu gehen, obwohl die schon um neun Uhr morgens begann. Jahrelang war Pucher nicht mehr auf dem Fußballplatz gewesen, mit Anfang 20 hatte er, wie man das in der Gegend eben so macht, geheiratet und ein Haus gebaut. Da blieb für den Verein keine Zeit mehr, von dessen Stadion er 200 Meter weit entfernt aufgewachsen war. Jetzt aber brauchte der SV Mattersburg seine Hilfe. Der Bankdirektor war der Einzige, dem man zutraute, aufzuräumen und den Klub wieder nach oben zu führen. Aber so früh am Morgen und dann noch an einem Sonntag? »Ich bin ein Langschläfer, der gern im Bett liegen bleibt, bis mich ein Hungergefühl raustreibt. An diesem Morgen habe ich mich hin- und hergebettet, bis meine Frau gefragt hat, was los ist. Hätte sie gesagt, jetzt bleib liegen, ich wäre liegen geblieben«, erzählt er, und allein mit dieser Geschichte ist die in Aussicht gestellte halbe Stunde schon fast um, ohne dass man selbst auch nur eine einzige Frage hätte stellen können. Es gehört zu Puchers Erfolgsrezept, so lange zu reden, bis er bekommt, was er sich in den Kopf gesetzt hat. Und sei es nur das Recht, vom Anfang des Mattersburger Wunders zu erzählen, ohne dabei unterbrochen zu werden. Wenn sich der Fußballfunktionär erst mal in Schwung geredet hat, müssen die Geschäfte der Commerzialbank eben warten. »Heimgekommen bin ich als Obmann, und dann gab es erst mal eine Analyse des Ist-Zustands. Ergebnis: kein Kader, kein Nachwuchs, keine Infrastruktur.«

Vier Tage nach seiner Wahl diktierte Pucher in seiner ersten Sitzung, Beginn acht Uhr abends, die neue Marschroute ins Protokoll: »Saison 1988/89: 1) Neuorganisation des Vereins, 2) Hebung der Disziplin, 3) Einführung des Leistungsdenkens, 4) Sondierung des Spielermaterials. Saison 1989/90: 1) Wiederaufstieg in die Landesliga, 2) Neuorganisation des Nachwuchsbereiches.« Insgesamt umfasste Puchers Plan sieben Jahre, und für den Fall, dass sich der Verein nicht daran halten würde, kündigte er seinen sofortigen Rücktritt an, »weil ich dann nichts bewegt hätte«. Der Klub tat also gut daran, Puchers Vorgaben zu erfüllen, und stieg im Sommer 1990 wieder in die nächsthöhere Landesliga auf. »Dann haben wir angefangen, die Jugendmannschaften aufzubauen. Wir haben die Basis gefestigt, wie bei einem Hausbau. Wenn man nicht bereit ist, einen Verein nachhaltig aufzubauen, sollte man es bleiben lassen.« Seitdem gelten im Mattersburger Fußball zwei Gebote. Erstens: Wir geben nur so viel Geld aus, wie wir verdienen können. Zweitens: Wir setzen in unseren Mannschaften so viele Fußballer aus der Region ein, wie wir finden können. An beiden Prinzipien hat Pucher eisern festgehalten, auch als ihm viele nach dem Aufstieg in die Bundesliga 2003 in guter österreichischer Tradition vorgeworfen hatten, er würde zu wenig riskieren. Man merkt ihm an, wie stolz er darauf ist, dass ihm die Mattersburger so bedingungslos gefolgt sind. »Die Luft wird nach oben hin immer dünner, aber ich darf sagen: Wir haben in unseren Budgets in 19 Jahren nie ein Minus gebaut.«

Späher schwärmten aus, um die Nachwuchsmannschaften mit Talenten aus den umliegenden Ortschaften zu versorgen, das marode Klubhaus wurde abgerissen und durch einen Neubau mit Kabinentrakt und Massagebank ersetzt, und nachdem der Verein Mitte der neunziger Jahre in der drittklassigen Regionalliga angekommen war, wurden die Jungspunde der Reihe nach in die erste Mannschaft geschickt, auf Befehl von Pucher. Sogar in der obersten Spielklasse besteht der Stamm deshalb aus Fußballern, die im Verein groß geworden sind, und wenn der SV Mattersburg alle zwei Wochen im Pappelstadion aufläuft, stehen im Publikum Familienangehörige, Nachbarn und Freunde, die dem Michi, dem Christian und dem Cem zujubeln und nicht Legionären mit unaussprechlichen Namen, die nach einem Jahr wieder weg sind. »Das ist der Hauptgrund, warum wir so viel Zuschauer haben. Wenn einer aus der Nachbarschaft mitspielt, hat man einen ganz anderen Bezug. Einem, bei dem man nur das Gefühl hat, er will abkassieren, verzeiht man keinen Fehler«, sagt Pucher.

Über die Jahre ist der SV Mattersburg zu einer burgenländischen Attraktion geworden, im Durchschnitt kommen über zehntausend Zuschauer, fast doppelt so viele, wie der Ort Einwohner hat. Der Klub hat den zweithöchsten Schnitt in Österreich, nur Rapid Wien gelingt es, noch mehr Fans ins Stadion zu locken. Dabei ist das, was sich da am Ortsausgang von Mattersburg gegen ein gewaltiges Viadukt aus Ziegeln lehnt, eigentlich gar kein richtiges Stadion, sondern ein aus den Fugen geratener Dorfplatz, der mit den Erfolgen des Klubs mitgewuchert ist. Direkt vor dem Viadukt, über den die Züge in Richtung Wien fahren, steht die Haupttribüne. Innerhalb von drei Monaten wurde sie mit über 4000 Sitzplätzen hochgezogen, mit dem so genannten SVM-Café im Inneren, damit die Zuschauer bis in den frühen Morgen die Siege feiern und die Niederlagen verarbeiten können. Oder, um es mit den Worten von Pucher zu formulieren, »damit man die Menge in ihrer Umsatzbereitschaft auch kaufmännisch nutzt«. Weil man auch in Mattersburg an der Entwicklung des modernen Fußballs nicht vorbeikam, wurde drei Jahre später auf der Gegengeraden eine stählerne VIP-Tribüne mit einem großen Zelt dahinter aufgebaut, in dem geschwungene Stoffbahnen an der Decke die Atmosphäre eines Ballsaals entstehen lassen. Hinter den beiden Toren wird gestanden wie eh und je – auf einer mehrstufigen Gerüstrampe zur einen Seite und auf der bloßen Wiese zur anderen. Als der Klub im August 2007 in der UEFA-Cup-Qualifikation antrat, wurden flugs mehr Sitzplätze installiert. Man sieht dem Stadion an, dass es manchmal nur schwer mit den sportlichen Erfolgen mithalten konnte. Aber damit, dass irgendwann sogar die Inspektoren der UEFA nach Mattersburg kommen würden, um das Stadion auf seine Europapokaleignung zu überprüfen, konnte nun wirklich keiner rechnen, als Pucher in Mattersburg das Zepter übernahm.

Am Ende der Saison 2006/2007 landete der Klub auf Platz drei, es war die beste Platzierung einer burgenländischen Mannschaft in der Bundesligageschichte überhaupt, und weil mit dem Vizemeister Ried, 11 000 Einwohner, ein weiterer Provinzverein auf einem der beiden UEFA-Cup-Qualifikationsplätze gelandet war, kam in Österreich die Diskussion auf: Schadet es dem Land, wenn gleich zwei Dorfklubs die rot-weiß-roten Farben in Europa vertreten? Denn ganz geheuer ist es vielen Österreichern nicht, was da in der Provinz passiert. Das Land hat sich daran gewöhnt, dass die Teams, die auf europäischer Bühne spielen, aus der Hauptstadt kommen. Jeder Österreicher wird irgendwann in seinem Leben vor die Frage gestellt: Grün-Weiß oder Violett, Rapid oder Austria. Selbst ein Mann wie Martin Pucher bekennt sich bei aller Liebe zu seinem Heimatverein dazu, glühender Rapidfan zu sein, seit er als vierjähriger Junge zum ersten Mal ein Spiel im Rapidstadion von Hütteldorf erlebt hatte. Dass Klubs aus Gemeinden mit ein paar tausend Einwohnern den österreichischen Fußball auf internationaler Bühne repräsentieren wollen, macht vielen Kummer, wahrscheinlich weil sie das so deutlich mit dem Verfall der fußballerischen Potenz konfrontiert. Wäre im Fußball alles, wie es mal war, wären die Teams aus den kleinen Nestern nach wie vor die Statisten für die Show der Großstädter. Der Misserfolg der Stadt hat den Erfolg der Provinz erst möglich gemacht. Und dass davon in den Qualifikationsrunden für den UEFA-Cup ganz

Europa erfährt, macht das Ganze nur noch schlimmer. Wird dann in Deutschland gespottet, dass der FC Bayern München, sollte er sich nicht für die Champions League qualifizieren, nach Mattersburg zu reisen hat und nicht nach Madrid, ist die Schmach komplett. So gesehen ging im Sommer 2007 alles nochmal gut: Ried schied gegen den FC Sion aus und Mattersburg gegen den FC Basel. Die erste Hauptrunde des Wettbewerbs blieb provinzfrei, dort spielten Red Bull Salzburg (als gescheiterter Champions-League-Qualifikant), Austria Wien (als erfolgreich qualifizierter Pokalsieger) und Rapid (als UI-Cup-Gewinner).

Auf der anderen Seite hätte sich Pucher nie träumen lassen, dass Mattersburg einmal in einem Atemzug fallen würde mit München und Madrid. Darauf darf man stolz sein, auch mit Blick auf Wien. Traditionell inszeniert sich die Provinz gern, als wäre jeder sportliche Erfolg auch eine Demonstration gegen die Hauptstadt. Sogar Hannes Kartnig suchte in der Hochzeit von Sturm Graz immer wieder die Konfrontation mit der Metropole. In solchen Momenten entlädt sich dann, was sich in all den Jahrzehnten vorher aufgestaut hat, als Wien sich benahm wie eine Fürstin in einem Pulk von Landfrauen. Dass ein Kaff wie Mattersburg die Vereine aus den großen Städten vor sich hertreibt, ist vielen Burgenländern ein besonderes Vergnügen. Wenn Wien die Fürstin ist und Graz die Landfrau, dann bleibt für Mattersburg nur die Rolle der Magd. »Es hat lange gedauert, bis man uns Respekt entgegengebracht hat. Als wir in die Bundesliga aufgestiegen sind, hieß es oft: Gegen wen sollen wir gewinnen, wenn nicht gegen Mattersburg?« Der Mann, der das sagt, liebt die Rolle dessen, der sich den Respekt der anderen in jedem Spiel neu erkämpfen muss: Dietmar Kühbauer, der von Mattersburg auszog, um als nimmermüder Arbeiter im Mittelfeld von Rapid Wien, Real Sociedad und beim VfL Wolfsburg sein Glück zu finden, und am Ende wieder nach Mattersburg zurückkehrte.

In seiner burgenländischen Heimat wird Kühbauer als »Don Didi« verehrt. Als er im Sommer 2002 im Alter von 31 Jahren nach Mattersburg wechselte, schrieb der »Kicker«: »Heimweh hat seinen Preis. Nationalspieler Dietmar Kühbauer, der zuletzt beim Bundesligisten VfL Wolfsburg nur noch als Trainingsgast geduldet war, kehrt heim in die Alpenrepublik. Aber nicht zu Rekordmeister Rapid Wien, zu jenem Klub, bei dem er groß geworden war (1996 Meister und Finalist im Europacup der Pokalsieger), ja nicht einmal zu einem anderen Klub der an charismatischen Typen ohnehin raren Bundesliga – sondern in die Idylle des burgenländischen Mattersburg.« Aus der Ferne betrachtet war Kühbauers unfreiwilliger Abschied vom VfL Wolfsburg, den er zeitweise sogar als Kapitän aufs Feld geführt hatte, eine Kapitulation. Ein Mann, der in der Primera Division und in der deutschen Bundesliga spielte, der – gemeinsam mit Carsten Jancker – in der Rapidmannschaft stand, die das letzte Europacup-Finale mit österreichischer Beteiligung bestritt, und der bei der WM 1998 zum Austria-Kader gehörte, belegt sein Scheitern dadurch, dass er in die zweite Liga Österreichs wechselt. Tatsächlich aber war der Transfer einer der Höhepunkte im Mattersburger Fußballmärchen. Auf einer Wiese unterhalb des Viadukts hatte Kühbauer das Kicken gelernt, mit 16 Jahren gab er sein Bundesligadebüt bei Admira Wacker in Wien. Seit seiner Zeit bei Rapid kümmert sich Martin Pucher um seine Verträge. Beide Männer verbindet eine tiefe Freundschaft, noch heute streiten sie sich darüber, wer beim Essen bezahlen darf, und noch bevor das letzte Stück vom Teller ist, rennt einer von beiden zum Kellner, um ihn um die Rechnung zu bitten. Sowohl für Kühbauers Biographie als auch für die des SV Mattersburg brachte seine Rückkehr den entscheidenden Schub: Ein Jahr später stieg der Klub in die Bundesliga auf, und Kühbauer gewann dreimal in Folge die von der »Kronen Zeitung« ausgetragene Fanabstimmung zum Fußballer des Jahres.

Dass er im Herbst seiner Karriere mit seinen Mattersburgern den Schnöseln aus der Großstadt jedes Wochenende zeigt, wie schön und wie erfolgreich ein Dorfverein Fußball spielen kann, das macht Kühbauer ganz besonderen Spaß. »Es heißt immer, hier im Burgenland leben die Bauern, die die ganze Woche mit dem Traktor durch die Gegend fahren und mit einer Kanonenkugel Fußball spielen«, sagt er, »aber mittlerweile weiß jeder, dass es sehr schwer ist, gegen uns zu gewinnen.« Dass es so lange gedauert hat, bis der offensive, risikofreudige Stil der Mattersburger Anerkennung fand, war für Kühbauer aber keine Überraschung. »Das Fernsehen sitzt eben in Wien, und der Wiener sagt nicht gern, dass die Mannschaft aus einem Bauerndorf besser Fußball spielt als die Vereine aus der Hauptstadt.« Dass im Oktober 2006 sein ehemaliger Rapidkollege Carsten Jancker für den Sturm verpflichtet wurde, war wieder eine für Mattersburg so typische Maßnahme. In Deutschland mag Jancker, der in Kaiserslautern und bei »Shanghai Shenua« in China nicht mehr glücklich geworden war, als ein Mann gegolten haben, dessen größter Erfolg, der Gewinn der Champions League mit dem FC Bayern München 2001, schon ein halbes Jahrzehnt zurücklag. In Mattersburg wurde er dagegen begrüßt als der, der erst fünf Jahre zuvor den silbernen Champions-League-Pokal in den Himmel von Mailand gehoben hatte. Aus der Perspektive Mattersburgs sieht die Fußballwelt eben ein bisschen anders aus.

Doch auch wenn jetzt inzwischen Legionäre aus dem Ausland verpflichtet werden, ist in Mattersburg vieles so familiär geblieben wie zu der Zeit, als der Verein noch gegen Rohrbach und Oberpullendorf angetreten ist. Eintrittskarten werden immer noch in Puchers Commerzialbank verkauft, weil einer seiner Angestellten in der Freizeit das Ticketgeschäft organisiert. Der Manager arbeitet ehrenamtlich, der Trainer Franz Lederer, natürlich ein Mattersburger, ist ein ehemaliger Postbeamter aus dem Ort. Der Trikotsponsor, ein Mattersburger Baustoffhändler, ist dem Verein schon seit knapp 30 Jahren treu. Zu jedem Spiel lädt Pucher eine Schulklasse ein, die in der Halbzeit auf den Rasen und nach dem Spiel in die Kabine darf. Und wer hier Fußball spielen möchte, muss vorher zu Pucher in die Bank. »Ich rede mit jedem Spieler, und innerhalb von fünf Minuten habe ich ein Bauchgefühl, das hat mich sehr, sehr selten getäuscht«, sagt der Präsident. Mattersburg ist ein Stück heile Fußballwelt ohne Schulden, ohne Skandale, ohne Gewaltexzesse.

Die Mission »Von der Provinz in die Bundesliga« hat Franz Grad hinter sich. Innerhalb von sechs Jahren hat er seinen Klub in den Profifußball geführt – und danach wieder zurück. Wenn jemand weiß, ob sich die ganze Mühe am Ende lohnt, dann er. Grads Heimat ist Pasching, eine 6000-Seelen-Gemeinde vor den Toren der oberösterreichischen Landeshauptstadt Linz. Durch dreierlei machte Pasching in den letzten Jahren auf sich aufmerksam: durch die Spedition »Transdanubia«, durch den örtlichen Fußballverein und durch eines der größten Einkaufszentren Österreichs. Nur bei der Einkaufsstadt »Plus City« hatte Grad nicht seine Hände im Spiel. Der 68-Jährige, stets schwarz gekleidet, bis hin zu einer Schirmmütze, die er trägt, weil er »einen Windhauch früher spürt, als sich die Flamme einer Kerze bewegt«, ist einer der erfolgreichsten Unternehmer des Landes. Das elterliche Fuhrunternehmen, das 1945 mit zwei aus dem Straßengraben gezogenen Kriegsfahrzeugen begann, hat er in eine Spedition mit 300 LKWs und einem Umsatz von über 100 Millionen Euro verwandelt. Grad weiß, wie man mit Geld vernünftig umgeht.

1993 übernahm er das Präsidentenamt des ASKÖ Pasching in der untersten Spielklasse. Wie war seine Befähigung dafür? »Was das so ist: Man zahlt, und dann wird man Präsident. Man muss da keine Voraussetzungen erfüllen, außer, a bisserl Geld zu geben«, sagt der leidenschaftliche Leichtathlet, der sich nie in die Öffentlichkeit drängen wollte. Im Gegenteil: Zu einer österreichweit bekannten Figur geworden zu sein hat ihn immer gestört. »In meiner Jugend hat niemand den Präsidenten gekannt, nicht mal den Trainer, da waren die Spieler berühmt. Heute ist es umgekehrt: Man kennt vielleicht den Trainer, aber ganz sicher alle Präsidenten. In dieser Operettenliga kann sich jeder, der zahlt, eine Plattform verschaffen. Mir ist das ein Rätsel.«

Dass es der Verein unter seiner Führung von ganz unten bis in die Bundesliga schaffte, hat viel mit der Konkursanfälligkeit des österreichischen Fußballs zu tun. Das benachbarte Linz war einmal eine fußballerische Hochburg, dem Linzer Athletik-Sportklub LASK war es in den sechziger Jahren als erstem Nicht-Wiener Verein gelungen, den Meistertitel zu gewinnen. Später war Voest Linz, finanziert vom örtlichen Stahlindustrieriesen gleichen Namens, neben den Innsbruckern einer der Großen im österreichischen Fußball. Im Laufe der Jahrzehnte gerieten die Linzer Vereine aber abwechselnd in finanzielle und sportliche Schwierigkeiten, der LASK wegen krimineller Machenschaften seiner Funktionäre, und Voest Linz, weil sich der Konzern als Geldgeber zurückzog. In den neunziger Jahren kam es deshalb unter dem Dach des LASK zur Fusion beider Vereine, der neue Klub verschwand in der Zweitklassigkeit. Aus den zurückgelassenen Trümmern machte Grad, der auch im Vorstand von Voest Linz gesessen hatte, die Keimzelle der Paschinger Erfolge. Denn zur Konkursmasse gehörte eine Mannschaft, die bis dahin in der landesweiten U-21-Liga gespielt hatte und nach der Auflösung dieses Wettbewerbs nicht mehr unterhalten werden konnte. Grad verpflanzte das Team samt seinem Trainer Georg Zellhofer nach Pasching.

Zellhofer, ähnlich öffentlichkeitsscheu wie sein Präsident, aber bekannt für sein modernes Fußballverständnis, zimmerte ein taktisches Gerüst, mit dem die Mannschaft durch alle Ligen marschierte, bis sie 2002 als Aufsteiger aus der Regionalliga den Sprung in die Bundesliga schaffte. Im Jahr darauf machte das Team die Paschinger Gemeinde dann auch in Europa bekannt, vor allem in Norddeutschland. 2003 trafen die Mannschaften von Werder und des »FC Superfund« (der Hedge-Fonds war 2001 als Sponsor eingestiegen und hatte sich auch gleich den Vereinsnamen gekauft) im Halbfinale des UI-Cups aufeinander. Im Paschinger Waldstadion wurden die Hanseaten vor 4500 Zuschauern mit vier Gegentoren gedemütigt und reisten ohne einen eigenen Treffer zurück in den Norden. Nach einem 1:1 in Bremen schieden die mit Stars wie Johan Micoud, Ailton und Valérien Ismael gespickten Bremer gegen eine vermeintliche Wald- und Wiesenmannschaft aus. Für Grad »ein Highlight der Vereinsgeschichte«, allerdings eines mit einem hohen Preis: Das darauffolgende Finale verlor seine Mannschaft gegen den FC Schalke, und Edi Glieder, der erfolgreichste Stürmer der Paschinger, blieb anschließend gleich im Ruhrpott. Wegen akuter Sturmnot hatten die Schalker den 34-jährigen Österreicher mit dem neckischen Unterlippenbärtchen kurzerhand verpflichtet. Auf Schalke konnte auch Glieder die Not nicht beheben, nach 16 Einsätzen und nur zwei Toren kehrte er nach Pasching zurück. Als fußballerischer Frühpensionär lässt er beim FC

Superfund seine Karriere ausklingen – nicht mehr in der obersten Spielklasse, sondern in der Landesliga. Denn im Sommer 2007 war das Paschinger Bundesligaabenteuer so plötzlich wie unwiderruflich wieder zu Ende.

Vorbote davon war der Kärntner Landeshauptmann Jörg Haider, der sich nach seiner Krawallkarriere in der österreichischen Bundespolitik in das im Süden gelegene Bundesland an der Grenze zu Slowenien zurückgezogen hatte. An einem Samstagabend im April stattete er Grad einen Besuch ab und lud ihn ein, mit seinem Verein nach Klagenfurt zu übersiedeln. Haider war zu Ohren gekommen, dass Grad darüber nachdachte, den Betrieb in Pasching einzustellen, denn der Aufstieg des Traditionsvereins LASK in die Bundesliga stand unmittelbar bevor. »Uns war immer klar: In dem Moment, wo der Riese LASK zurückkommt, hat Pasching keine Berechtigung mehr«, erzählt Grad. »Dann kostet es nur noch Geld und interessiert niemanden mehr. Wir würden nie die Massen anziehen wie die Linzer, außerdem liegt unser Stadion mitten in einem Wohngebiet. Mehr als 3000 Zuschauer sind für uns sowieso eine Katastrophe.« Mit seinem Publikum war Grad ohnehin nie besonders glücklich. Selbst zu den Spielen in der Hauptrunde des UEFA-Cups gegen Livorno war das Stadion nicht voll, zu Auswärtsfahrten in der Bundesliga brachen nur 20, 30 Leute auf. Als im August 2005 Red Bull Salzburg im Waldstadion zu Gast war, hingen an den Gittern Transparente mit Slogans wie »Superfund vs. Red Bull – Grüner und Roter Bulle zerstören die Tradition«. Teile seines Publikums waren aber auch nie besonders glücklich mit ihm. Für die wenigen echten Fans ist Grad ein rücksichtsloser Patriarch, der alles, was er tut, dem Erfolg unterordnet, dem Tradition gleichgültig ist und der Fußball bedingungslos dem Kommerz ausliefert. Nach dem Spiel gegen die Salzburger hatte er den Fanbeauftragten mit den Worten zu sich zitiert, der Fanblock bestehe ohnehin nur aus ein paar arbeitslosen Wahnsinnigen, deren Meinung ihn nicht interessiere, und damit gedroht, dem Verein das Licht abzudrehen. Jetzt war es so weit.

Denn Haider konnte ein nagelneues, für die nahende Europameisterschaft gebautes Stadion mit 30 000 Plätzen bieten und eine darbende Fußballregion. Der FC Kärnten, ein ehemaliger Bundesligist, rang seit dem Abstieg 2004 vergeblich um die Rückkehr ins Oberhaus. Im fernen Kärnten würde es also in der Vor-Europameisterschaftssaison keinen einzigen Bundesligisten geben, in Oberösterreich mit Pasching, Ried und dem LASK dagegen drei – warum also sollte Grad hier noch länger mit einem Verein ums Überleben kämpfen, dem zu allem Überfluss nach einem Machtwechsel in der Gemeinde auch noch die politische Unterstützung weggebrochen war? Ein paar Wochen und etliche Verhandlungsrunden später verkündete er deshalb den Umzug. In der Satzung wurde per Mehrheitsbeschluss der Mitgliederversammlung als neuer Vereinssitz Klagenfurt ausgewiesen, ein Großteil der Spieler samt der Bundesligalizenz wechselten ihren Standort, der FC Superfund wurde in SK Austria Kärnten umbenannt und spielte fortan an Paschings Stelle in der Bundesliga. So einfach kann man in Österreich einen Bundesligisten ab- und an anderer Stelle wieder aufbauen.

In Pasching ging dagegen alles wieder von vorn los, oder zumindest beinahe. Und jetzt wird es etwas kompliziert: Unter Grads Führung wurde mit dem Namen FC Superfund ein neuer Verein gegründet. Das ÖFB- wie das Ligapräsidium hatten gegen Grads Pläne nichts einzuwenden, im Gegenteil. Sie waren ihm sogar dankbar dafür, dass er die Ballung dreier Bundesligisten in einem Bundesland auflöste und den Kärntnern und ihrem neuen Stadion einen Fußballverein in der obersten Spielklasse bescherte. Dafür sicherten sie ihm einen Startplatz in der vierten Liga zu, den Grad zur Bedingung für den Standortwechsel gemacht hatte. Sich wieder durch die Niederungen der untersten Spielklassen wühlen zu müssen, dafür fehlte Grad die Lust. Er hatte ein bundesligataugliches Stadion und einen funktionierenden Nachwuchsbetrieb, dem er eine angemessene sportliche Perspektive bieten wollte.

Doch dann wehrten sich die Funktionäre des oberösterreichischen Fußballverbandes, die nicht zulassen wollten, dass Pasching sich seinen Platz einfach selbst aussuchen durfte. Dass in der viertklassigen oberösterreichischen Landesliga ohnehin zwei Mannschaften zu wenig spielten – nämlich 14 statt der in den Landesligen der anderen Bundesländer üblichen 16 – spielte da keine Rolle, hier ging es ums Prinzip. Also beschlossen die Funktionäre, dass künftig jeder Verein, der freiwillig oder erzwungenermaßen seinen Platz in einer Liga räumt, ganz unten würde beginnen müssen, Einspruch ausgeschlossen. Die Bundesliga und der ÖFB hatten es versäumt, die Kollegen aus Oberösterreich in ihre Pläne einzuweihen. Deshalb konnten sie ihr Versprechen, das sie Grad gegeben hatten, nicht halten. Dass der FC Superfund trotzdem in der Landesliga einsteigen durfte, hatte der Klub am Ende einem Verein aus der Nachbarschaft zu verdanken, der mit dem FC Superfund eine Spielgemeinschaft einging.

Wenn Grad über diese turbulente Zeit spricht, merkt man ihm an, wie sehr es noch unter seiner schwarzen Mütze tobt. Da hatte er gedacht, er tue dem österreichischen Fußball mit seinem Rückzug einen Gefallen, und das war nun der Dank. Weil man dem streitbaren Sturkopf, der ohnehin nur ungern Interviews gibt, in einem solchen Moment besser nicht ins Wort fällt, folgt hier die ungefilterte Abrechnung mit einem System, an dem er sich so lange abgearbeitet hat: »Ich habe mich jetzt zwei Monate lang mit dem Amateurfußball beschäftigt. Das ist in Österreich die eigentliche Katastrophe. Ursprung aller Probleme sind die Funktionäre in den Bundesländern. Wenn Sie heute mit Anfang 40 in das Gremium eines Verbandes gewählt werden, dann können Sie sicher sein, 30 Jahre lang im Amt zu bleiben. Sie dürfen nur ja nichts verändern. Ich habe ein bisschen Ahnung vom Wirtschaften und weiß: Ohne einen Geldgeber von außen ist ein österreichischer Verein nicht zu führen, es ist praktisch unmöglich, ohne Schulden auszukommen, wenn man nicht international spielt. Aber auch das ist nicht wirklich hilfreich, solange wir Österreicher uns über Vereine aus Kasachstan oder Aserbaidschan qualifizieren müssen und die Kosten daher höher sind als die Einnahmen. Österreichs Wirtschaft wird so lange nur zögerlich in den Fußball investieren, solange in den Profiligen schlecht gewirtschaftet wird und es laufend zu Konkursen kommt.«

Franz Grad in seinem Paschinger Speditionsbüro und Martin Pucher im Besprechungszimmer der Commerzialbank von Mattersburg stehen für den Aufstand der Provinz, der die in Jahrzehnten entstandenen Strukturen des österreichischen Fußballs in arge Unordnung gebracht hat. Und beide haben auf ganz unterschiedliche Weise erlebt, wie die Provinz auf ihre Errungenschaft reagiert: Wo in Mattersburg eine Euphorie entstanden ist, die eine ganze Region erfasst hat, ist Pasching nie über den Status eines Vorortvereins hinausgekommen, der beinahe so schnell verschwunden ist, wie er gekommen war. Und während sich der eine frustriert zurückzieht, versucht der andere, sein Modell nun auf das ganze Land zu übertragen.

Seit seiner Wahl zum Präsidenten der Profiligen plädiert Pucher unermüdlich dafür, dass jeder im Rahmen seiner finanziellen Möglichkeiten das Bestmögliche für seinen Klub herausholen solle. In seiner Ära wurde das Lizenzierungsverfahren verschärft, er war daran beteiligt, als im September 2004 mit dem Österreicher-Topf eine Regel eingeführt wurde, nach der die Vereine umso mehr Geld aus den Fernseheinnahmen erhalten, je mehr einheimische Fußballer zum Einsatz kommen. Irgendwann, so hofft Pucher, hat er auch seine Kollegen so weit, dass sie wieder auf ihren eigenen Nachwuchs vertrauen und nur so viel Geld ausgeben, wie sie tatsächlich einnehmen können. »Aber wissen's«, sagt er zum Schluss, »es wird immer Menschen geben, die sich nicht an Regeln halten. Ich kenne kein System, das deren Einhaltung garantieren kann.« Doch eines ist sicher: Der Ligapräsident wird alles tun, um sie daran zu hindern. So, jetzt muss der Bankdirektor der Commerzialbank aber wirklich zurück an seinen Schreibtisch.

Der steinige Weg in die Moderne

Es war ein ruhiger Arbeitstag im September 2006, an dem Alois Tschida, Sportredakteur der Nachrichtenagentur APA, seinen Dienst versah. Wenig war passiert an diesem Tag und seine Schicht fast vorüber, bald wollte er sich auf den Heimweg machen. Doch zwei Stunden später brachte er eine Affäre ins Rollen, die ganz Fußballösterreich in Aufruhr versetzen sollte. In ihrem Zentrum stand wieder einmal die Nationalmannschaft, zwei Jahre vor der ersten Teilnahme an einer Europameisterschaft in der Geschichte Österreichs. Mit deprimierenden Ergebnissen war das Team unter der Woche aus der Schweiz zurückgekehrt. Weil Österreich und die Schweiz als Ausrichter der Kontinentalmeisterschaft im Sommer 2008 bereits qualifiziert waren, hatte der eidgenössische Fußballverband das »Turnier der Kontinente« ausgerufen und neben Österreich auch Costa Rica und Venezuela eingeladen. Zwei harmlose Gegner, mit denen die Gastgeber ein bisschen Wettkampfpraxis würden sammeln können, die aber bei den sportlichen und organisatorischen Vorbereitungen nicht weiter stören würden – jedenfalls nicht die Schweizer. Für Österreich entwickelten sich die Partien gegen die Süd- und Zentralamerikaner dagegen zum Turnier der Katastrophen. Vor der Genfer Geisterkulisse von 300 Zuschauern schafften sie gegen Costa Rica mit Mühe ein 2:2, zum Spiel gegen Venezuela in Basel kamen dann zwar 1500 Menschen, dafür verloren die Österreicher mit 0:1.

Zwei Tage nach der Schlappe von Basel, am Nachmittag des 8. September 2006 gegen 16 Uhr, klingelte in der Redaktion der APA das Telefon. Als Tschida hörte, wer am anderen Ende saß, wusste er: Das hier dauert etwas länger.

Am Apparat war Emanuel Pogatetz, ein junger Steirer, der bei Sturm Graz in der Jugend gespielt und später beim historischen 1:0-Sieg gegen Liverpool in der Mannschaft des GAK gestanden hatte. Nach Lehrjahren in Leverkusen, Aarau und Moskau war er inzwischen beim FC Middlesbrough angekommen. Dort hatte er als erster Austriakicker überhaupt ein Tor auf der Insel erzielt. Pogatetz ist ein Verteidiger, der zu sich selbst so hart ist wie zu seinen Gegnern und dessen Spiel gelegentlich am Rande des Erlaubten balanciert, auch in der Nationalelf hatte er sich so seinen Platz erkämpft. Deshalb stand auch er in der Mannschaft, über die der Nationaltrainer nach dem missratenen Ausflug in die Schweiz gesagt hatte, dass er nun mal leider keine besseren Spieler habe. Das wollte sich der Verteidiger, von den englischen Fans seiner Spielweise wegen mit dem Titel »Mad Dog« geadelt, nicht gefallen lassen. Er diktierte dem verdutzten APA-Redakteur eine Attacke nach der anderen, die so kompromisslos waren wie die auf dem Rasen: gegen den Trainer, den ÖFB und seine eigenen Mitspieler. Mehrmals unterbrach Tschida und fragte, ob sich Pogatetz darüber im Klaren sei, was er da gerade sage. Als der mit dem Hinweis, einer müsse mal den Mund aufmachen, unbeirrt fortfuhr, war klar: Der Verteidiger mit der kantigen Narbe im Haaransatz war sich seiner Sache sehr sicher. Etwa eine Stunde lang sprachen die beiden Männer miteinander. In Wien ein junger Redakteur von 29 Jahren, seit 1999 bei der APA, in England ein 23-jähriger Fußballer, der seit Sommer 2005 in der Premier League spielte und dort zum Stammspieler geworden war. Nach dem Gespräch verfasste Tschida eine Meldung mit dem unscheinbaren Titel »Pogatetz: Kritik an Hickersberger«, legte sie auf den Ticker und wartete auf den Beginn des Bebens. An Feierabend war jetzt eh nicht mehr zu denken.

Ausgerechnet Josef Hickersberger, der 1990 bei Österreichs größter Blamage in Landskrona auf der Bank gesessen hatte, wurde von Pogatetz attackiert. Im Herbst 2005 hatte sich Friedrich Stickler, der das Amt des ÖFB-Präsidenten von Beppo Mauhart übernommen hatte, bei ihm gemeldet. Stickler war auf der Suche nach einem neuen Teamchef als Nachfolger von Hans Krankl. Der war auf den glücklosen Jugoslawen Otto Barić gefolgt und anschließend sowohl an der Qualifikation für die Europameisterschaft wie auch für die Weltmeisterschaft in Deutschland gescheitert. Das war aber nicht das Schlimmste. Viel schlimmer wog, dass bei Krankl kein Konzept und keine Strategie zu erkennen war. In jedem Spiel schickte er eine neu zusammengewürfelte Mannschaft aufs Feld, der ehemalige Weltklassestürmer agierte weniger im Stile eines Experten als eines Experimenteurs. Das Einzige, was in seiner Ära konstant blieb, war das Pathos, mit dem er die Nationalhymne zelebrierte: mit der Hand auf dem Herzen und dem Cordoba-Glühen in den Augen. Wenn nur jeder so viel Leidenschaft mitbrächte, so viel Ehrgeiz und so viel Kampfeswillen wie er damals in Argentinien, spielte es gar keine Rolle, wer da auf dem Rasen steht. Für Krankl ist Cordoba nicht mehr nur der Name einer argentinischen Stadt, sondern auch die Bezeichnung eines Gemütszustands.

In vielerlei Hinsicht ist Josef Hickersberger das Gegenteil davon: Er gilt als ruhig und sachlich, in Cordoba war er Bestandteil des spielstarken Mittelfelds, nach dem Sieg über die Deutschen beendete er seine internationale Spielerkarriere. Hickersberger ist ein nüchterner Analytiker, der jungen Spielern auch ein schlechtes Spiel verzeiht und aus dem Stegreif Helmut Qualtinger und Sigmund Freud zitieren kann, zwei Säulen der österreichischen Intelligenz.

Mit Rapid Wien hatte er bewiesen, wie weit es eine Mannschaft unter seiner Führung bringen kann. 2005 wurde der Verein österreichischer Meister und spielte in der Champions League, wenn auch durchgehend erfolglos. Als Stickler ankündigte, den Vertrag mit Krankl nicht verlängern und stattdessen Hickersberger aus seinem Vertrag bei Rapid eisen zu wollen, schmiss Krankl mit der zu erwartenden Leidenschaft hin. Hickersberger kehrte auf den Arbeitsplatz zurück, den er 16 Jahre nach der Niederlage gegen die Färöer Feldarbeiter fluchtartig verlassen hatte. Und es schien, als mache er nahtlos da weiter, wo er damals aufgehört hatte, denn am 1. März 2006 setzte es in Wien eine 0:2-Heimniederlage gegen Kanada.

Auch die folgenden Monate brachten keine Freude. Die Mannschaft verlor gegen Kroatien und Ungarn, anschließend verkündete der Mittelfeldspieler Paul Scharner seinen Rücktritt, weil die Teilnahme an Spielen der Nationalmannschaft auf Dauer seiner Karriere schadeten. Scharner war neben Pogatetz der zweite Legionär in der Premier League, er stand bei Wigan Athletic unter Vertrag. Doch anders als Pogatetz war Scharner den Österreichern sowieso immer etwas suspekt geblieben, weil er einen eigenen Mentaltrainer hatte oder weil er einmal einen Mediziner aus dem Betreuerstab von Austria Wien mit dem Hinweis weggeschickt haben soll, er sei verhext. Das war, bevor er den Verein verlassen musste, weil er sich gegen seine Einwechslung gewehrt hatte, nachdem der Trainer Joachim Löw ihn nicht auf seiner Lieblingsposition hatte spielen lassen. Im August 2006 verkündete der 26-Jährige, »wegen der unprofessionellen Strukturen im ÖFB« künftig lieber nicht mehr in der Nationalmannschaft zu spielen. Dass beim ÖFB noch Funktionäre sitzen, die schon bei der WM 1978 ihren Schreibtisch im Verband hatten, dass es dort Kräfte gibt, die die Modernisierung des Fußballs behindern – das macht zwar auch vielen Österreichern Kummer. Dem Sonderling Scharner und seinem Mentaltrainer weinten aber trotzdem nur wenige eine Träne nach.

Hickersberger hatte schon genug Sorgen, als ihn die Nachricht erreichte, die Alois Tschida nach dem Interview mit Emanuel Pogatetz verfasst hatte. Die Meldung las sich wie eine Anklageschrift.»›Fast alle Teamspieler sind bei ihren Klubs Leistungsträger und spielen dann im Team drei Klassen schlechter. Das liegt daran, dass bei einem Verein jeder weiß, was er zu tun hat. Im Nationalteam gehen wir ohne taktische Vorgaben ins Spiel, wie ein Schüler, der für eine Schularbeit nichts gelernt hat‹, sagte Pogatetz. ›In einem Länderspiel ist jeder völlig auf sich allein gestellt, es gibt im Vorfeld keine taktischen Aufgaben‹, sagte der Verteidiger und erzählte von Mannschaftssitzungen vor einem Länderspiel. ›Wenn man vor dem Spiel eine Besprechung macht, einem die besten Spieler des Gegners vorgestellt werden und danach gesagt wird, dass die eigentlich gar nicht mitspielen, dann fragt man sich schon, was das soll‹, so Pogatetz. Außerdem forderte Pogatetz die Einstellung eines Mentaltrainers, wie es zuvor schon der mittlerweile nicht mehr im ÖFB-Kader aufscheinende Paul Scharner verlangt hatte. ›Die Mannschaft steht unter großem Druck, die Heim-EM ist auch eine hohe Belastung. Und es gibt keinen, der uns auf diese große Aufgabe vorbereitet. Es macht mich traurig und zornig, dass vom ÖFB nicht daran gedacht worden ist.‹ Pogatetz übte zwar im Hinblick auf seine eigenen Leistungen im Nationalteam Selbstkritik, gab aber auch zu bedenken: ›Es ist 1 000 : 1, wenn ich zum Verein zurückkomme. Da spiele ich besser, weil ich einfach besser vorbereitet wurde‹, erklärte der Verteidiger und betonte, Österreich sei ›sicher nicht schlechter als Costa Rica, Venezuela oder Kanada‹. Weiters betonte der 23-Jährige, er habe kein persönliches Problem mit Hickersberger. ›Im

Gegenteil, er ist der netteste Mensch, der nie einen zusammenschreien würde. Aber manchmal ist es nicht schlecht, wenn man einen hat, der einen in den Arsch tritt‹, ergänzte Pogatetz, der am Samstag mit Middlesbrough auswärts auf Arsenal trifft.«

Seit Hugo Meisl war wahrscheinlich kein Nationaltrainer mehr auf so drastische Weise in der Öffentlichkeit angegriffen worden, schon gar nicht von einem Spieler. Ein paar Minuten, nachdem die APA die Meldung in die Redaktionen des Landes geschickt hatte, klingelte bei Tschida abermals das Telefon. Kollegen wollten wissen, ob Pogatetz das wirklich alles gesagt habe, auch der ÖFB und Hickersberger riefen an, um die Hintergründe zu erfahren, und manche insistierten, der Redakteur habe den Kicker zu diesen Aussagen angestiftet. Am nächsten Tag, die Zeitungen waren voll von den Pogatetz-Parolen, bewies Hickersberger dann, dass auch er zu unbarmherzigen Maßnahmen greifen konnte. Er schmiss Pogatetz aus dem Team, weil er »gegen eines der fundamentalsten Gesetze im Mannschaftssport« verstoßen habe. Zudem war Pogatetz ohnehin gehandicapt: Er war im letzten WM-Qualifikationsspiel gegen Nordirland im Oktober 2005 wegen einer Tätlichkeit vom Platz geflogen, was eine Sperre in den kommenden zwei Pflichtspielen nach sich zog. Im Falle der für die EM bereits gesetzten Österreicher bedeutete dies, dass Pogatetz in den ersten beiden Gruppenspielen ohnehin nicht hätte spielen können. »Und wenn er in zwei von drei Spielen nicht auflaufen kann, hat es ohnehin keinen Sinn«, sagte Hickersberger, als stehe für ihn schon eineinhalb Jahre vor dem Turnier fest, dass seine Mannschaft die Gruppenphase sowieso nicht würde überstehen können.

Das Land reagierte wie so oft in einer solchen Situation: Es machte sich weniger Gedanken um den Inhalt der Aussage als um die Art des Zustandekommens. Nur wenige setzten sich ernsthaft mit den Argumenten von Pogatetz auseinander, der Rest dachte lieber darüber nach, was den Mann aus Middlesbrough dazu gebracht haben konnte, sich selbst um die Chance zu bringen, beim größten Sportereignis in der österreichischen Geschichte dabei zu sein. Die einen vermuteten eine Intrige, angezettelt von seinem Berater Jürgen Werner, einem Oberösterreicher, und Leo Windtner, Präsident des oberösterreichischen Landesverbandes. Deren Ziel sei es gewesen, im ÖFB die Macht zu übernehmen, Hickersberger aus dem Amt zu jagen und an seiner Stelle den technischen Direktor des ÖFB zu installieren, Willi Ruttensteiner, ebenfalls Oberösterreicher. Der hatte während der Übergangszeit zwischen Krankl und Hickersberger in den letzten beiden WM-Qualifikationsspielen die Mannschaft betreut, gegen England ein achtbares 0:1 hingelegt und Nordirland 2:0 geschlagen. Doch um eine echte Chance als Teamchef zu bekommen, hatte Ruttensteiner eine zu große Lücke im Lebenslauf, genauer an der Stelle Juni 1978. Überhaupt war er als Spieler nie groß in Erscheinung getreten.

Die vermeintlichen Königsmörder wiesen jeden Vorwurf zurück und versuchten, zu kitten, was nicht mehr zu reparieren war. Zumal Pogatetz selbst in einem Interview auf dem Internetportal Sport1.at noch einmal nachlegte: Es mangele der Mannschaft an Führungspersönlichkeiten, und der ÖFB sei nicht in der Lage, sich um eine ordentliche Ausrüstung zu kümmern: »Wir sind ausgerüstet wie eine Dritte-Welt-Mannschaft. Fußballschuhe sind unser Werkzeug, damit spielen wir täglich. In Deutschland wurden die Schuhe bei Problemfällen angepasst, die Spieler bekommen die neuesten Modelle. Wir kriegen von Puma die Schuhe, die sie im Geschäft nicht wegbekommen. Ich muss es jetzt einfach ansprechen, auch wenn es für mich vielleicht Konsequenzen gibt. Aber ich bin bereit, die zu tragen, wenn sich dadurch etwas verändert. Es kann nicht sein, dass ich als österreichischer Nationalspieler Angst vor einer Niederlage in Liechtenstein habe.« Dieses Spiel, für Anfang Oktober angesetzt, geriet für Hickersberger zu einem Endspiel der besonderen Art. Würde Österreich das Spiel gegen die Liechtensteiner verlieren, wäre er seinen Job wieder los. Seine Mannschaft gewann knapp mit 2:1, das Siegestor fiel in der 84. Minute. Hickersberger blieb ein zweites Färöer-Fiasko erspart.

Doch er stand vor dem Trümmerhaufen, den ihm all die österreichischen Fußballfunktionäre hinterlassen hatten, denen das Vereinshemd stets näher gewesen war als die Hosen der Nationalmannschaft. Dabei hat Österreich nicht nur unter hausgemachten Problemen zu leiden, in vielerlei Hinsicht hat die Entwicklung des europäischen Fußballs in den neunziger Jahren die kleine Alpenrepublik besonders hart getroffen. Weil die Startplätze in den internationalen Wettbewerben für die kleineren Nationen zugunsten der Großen immer weniger wurden, war das verzweifelte Bemühen, an die Erfolge österreichischer Vereinsmannschaften anzuknüpfen, nur noch auf den kurzfristigen Erfolg ausgerichtet. Viele Präsidenten und Manager verhielten sich wie Politiker, deren einziger Ehrgeiz der Wiederwahl galt, mit dem Unterschied, dass deren Legislaturperiode nur ein, zwei Jahre dauerte und meistens erfolglos zu Ende ging. Dann waren entweder die Präsidenten zurückgetreten beziehungsweise im Gefängnis oder die Manager entlassen. Durch die Freiheiten, die das Bosman-Urteil bescherte, brach eine Flut ausländischer Profis über die Bundesliga herein. Für den langwierigen Aufbau von Mannschaften, in denen routinierte Profis neben jungen Spielern aus dem eigenen Nachwuchs stehen, mangelt es den Trainern meistens an Geduld und Rückendeckung ihrer Vorgesetzten.

Hickersberger fehlte damit die Spielergeneration der 25-

bis 30-Jährigen, die in einer gesunden Mannschaft normalerweise das Gerüst bilden. Viele ehemals hoffnungsvolle Talente aus den Nachwuchsmannschaften des ÖFB sind über die Jahre in den unteren Ligen verschwunden, in denen man auch ganz gut verdienen kann, ohne sich mit der ausländischen Konkurrenz messen zu müssen. Es ist eine Mischung aus Bequemlichkeit und der Chancenungleichheit gegenüber den mit einem Vertrauensvorschuss ausgestatteten Legionären, die dazu geführt hat, dass viele Nachwuchskicker an der Schwelle zu den Profis den Ehrgeiz verlieren, sich gegen alle Widerstände durchzuboxen.

Im Sommer 2003 leitete der ÖFB eine großangelegte Rettungsmaßnahme ein, er präsentierte das Programm »Challenge08«. Das Ziel müsse sein, träumte Präsident Stickler bei der Präsentation, den österreichischen Fußball bis zum Beginn der Europameisterschaft wieder in die internationale Spitze zurückzuführen. Unter der Obhut des Verbandes wurde ein »Challenge Team« mit allen Spielern nominiert, denen man Chancen einräumte, sich im Kader der Nationalspieler zu etablieren. Jedem wurde ein individueller Trainer an die Seite gestellt, der mit Laptop und modernem Übungsgerät das an Leistung herauskitzeln sollte, was zum Spitzenniveau noch fehlte. Und als mit dem Briten Roger Spry sogar ein »Conditioning Coach« für die Nationalmannschaft verpflichtet wurde, der schon Mannschaften von Mario Zagallo und Arsène Wenger auf Trab gebracht hatte, wähnte sich der ÖFB auf der Höhe der Zeit. Spry legte eine Datenbank mit Videoclips im Internet an, nach denen die Spieler ihre Körper in Schwung halten sollten. Er versuchte auch, die Köpfe in Bewegung zu bringen mit Sätzen wie: »Einige sind schon europäische Spitzenklasse, sie wissen es nur nicht.« Wie viel die Verantwortlichen der Vereine allerdings von Sprys Esprit hielten, zeigte sich, als sich etwa Peter Pacult, der Trainer von Rapid, über den Eingriff in seine Arbeit beschwerte. Außerdem beklagte er, dass nicht alle Spieler Englisch könnten. Womöglich wusste so mancher Spieler daher auch gar nicht, was »Challenge08« eigentlich bedeuten soll.

Auch die Liga hatte die Zeichen des Niedergangs erkannt. Über das Lizenzierungsverfahren wurden die Klubs nach und nach zu einer systematischen Nachwuchsarbeit verpflichtet, viele sind dem Beispiel von Austria Wien gefolgt und haben eine Akademie aufgebaut. Scouts, die vorher vielerorts als ehrenamtliche Fleißarbeiter durchs Land fuhren, werden für ihre Arbeit jetzt bezahlt. Mit dem Österreicher-Topf wurde ein System installiert, mit dem die Klubs belohnt werden, die auf einheimische Kicker vertrauen. An jedem Wochenende müssen danach mindestens zehn Österreicher im Spielbericht stehen, die Hälfte der ohnehin spärlichen Fernseheinnahmen wird dann nach den Einsatzminuten ausgeschüttet, für jeden unter 20-Jährigen zählt die Zeit doppelt.

Doch im Ligaalltag zeigt sich, wie wenig von den guten Absichten übrig bleibt. Nur die Vereine aus der Provinz setzen auf den Nachwuchs und die, die sich keine Ausländer leisten können. In der Topftabelle der Saison 2006/2007 standen mit Ried und Mattersburg zwei Gemeindeklubs ganz oben, deren Verwurzelung in der Region zum Geschäftsprinzip gehört. Dritter wurde Wacker Tirol, der Verein, der noch immer unter den Folgen des Konkurses von 2002 zu leiden hatte und deshalb auf jeden Cent angewiesen war. Sobald sich aber ein Klub an internationalen Leistungsstandards orientiert, verzichtet er mit Vergnügen auf diese Einnahmen. Abgeschlagen auf dem letzten Rang landete so Meister Red Bull Salzburg. Er erfüllte noch nicht einmal das Kriterium, in allen Partien die erforderliche Mindestanzahl von Österreichern auf dem Spielberichtsbogen zusammenbekommen zu haben.

Männer wie der Ligapräsident Martin Pucher, der mit seinen Mattersburgern lieber absteigen würde, als seine Philosophie aufzugeben, bleibt weiter der Exot in einer Szene, in der die Regel gilt: Auf dem Weg zum Gipfel sind Österreicher nur unnötiger Ballast. Das gilt inzwischen auch in Europa, denn anders als zu Zeiten von Toni Polster und Andreas Herzog, von Herbert Prohaska und Bruno Pezzey hat sich der Ruf österreichischer Fußballer im Ausland dramatisch verschlechtert. Die meisten Legionäre spielen nicht mehr in den Topklubs Italiens, Spaniens oder Deutschlands, sondern im holländischen Heerenveen, beim SC Freiburg in der zweiten deutschen Bundesliga oder bei Panathinaikos Athen. Selbst da gehören viele nicht zur Stammformation. Und die wenigen, die sich in einer der großen Ligen durchsetzen konnten, haben das entweder geschafft, weil sie das Land schon als Teenager verlassen haben, so wie Martin Stranzl, der mit 16 nach Deutschland kam und sich später auch bei Spartak Moskau durchgesetzt hat. Oder sie haben sich etabliert, obwohl sie in Österreich groß geworden sind, beziehen in den Abnabelungsprozess dann aber auch gleich die Nationalmannschaft mit ein – so wie Emanuel Pogatetz und Paul Scharner.

Wenn man sich mit der oft trostlosen Gegenwart des österreichischen Fußballs beschäftigt, landet man also zwangsläufig irgendwann bei der finalen Frage: Gibt es überhaupt noch Hoffnung?

Wenn Paul Gludovatz so etwas hört, wird er böse. Er ist der Beweis dafür, dass Vernunft und Realismus auch in Österreich noch am Leben sind. »Wenn in der Nationalmannschaft alles okay ist, dann sind der Nachwuchs und die gesamte Struktur in Ordnung. Ist die Nationalmannschaft aber am Boden, dann ist der Nachwuchs schuld«, sagt der Burgenländer, der mit dem lichten Haar und seinem dunkelgrauen Schnurrbart aussieht wie die burgenländische Version des amerikanischen Schauspielers Gene Hackman. Gludovatz ist der sportliche Leiter der ÖFB-Nachwuchszentren, die einmal eingerichtet wurden, um die besten Talente jedes Bundeslandes an einem Ort zu konzentrieren. Er hat in 25 Jahren zahlreiche Jugend-Auswahlmannschaften trainiert und sie zu etlichen Erfolgen geführt. Wenn er von seiner Arbeit spricht, wirkt er genauso nüchtern und ruppig wie sein Doppelgänger Hackman in einer Rolle als knorriger Agent. Nur selten verliert Gludovatz dabei die Fassung. Doch als er im September 2007 im Wiener Rathaus auf der Bühne stand, um den Ehrenpreis der Spielergewerkschaft VdF entgegenzunehmen, und ihm der ganze Saal stehend applaudierte, am lautesten eine Handvoll junger Kerle in feinen Anzügen und gegelten Haaren, da hatte er für einen kurzen Augenblick Tränen in den Augen. Es war der Moment, der ihn für den Ärger in all den Jahren davor entlohnte. Und es war der Moment, von dem in ein paar Jahren vielleicht gesagt werden wird, dass er eine Entwicklung feierlich beschloss, die dem österreichischen Fußball wieder auf die Beine geholfen hat. Gludovatz erhielt den Ehren-»Bruno«, weil er mit einer seiner Auswahlmannschaften dem österreichischen Fußball zwei Monate zuvor wieder etwas Selbstvertrauen und Spaß zurückgegeben hatte, bei der U-20-Weltmeisterschaft in Kanada.

Zum ersten Mal seit 24 Jahren war eine österreichische U-20-Auswahl für eine WM qualifiziert, Gludovatz hatte die Nachwuchskicker in seiner Obhut, seit sie 15, 16 Jahre alt waren. Er war mit ihnen Fünfter bei der U-17-Europameisterschaft geworden und Dritter zwei Jahre später. Die WM in Kanada wurde das würdige Finale einer Zeit, in der die Mannschaft und er zu einer Familie zusammengewachsen waren, wie er ohne jeden Anflug von Pathos erzählt. Noch nie hatte eine österreichische Nationalmannschaft der unter 20-Jährigen bei einer WM eine Partie gewinnen können, und so sehr Gludovatz selbst davon überzeugt war, dass es diesmal besser laufen würde, so skeptisch blieb der Rest. Der Teamarzt Richard Eggenhofer etwa hatte sich in seinem Krankenhaus in Eisenstadt für einen Nachtdienst vor den Halbfinalterminen einteilen lassen, weil er davon ausgegangen war, bis dahin längst wieder zu Hause zu sein.

Doch die Mannschaft mit Talenten aus Wien, Graz und von Werder Bremen erspielte sich Punkt um Punkt. Nach einem Auftakt-Unentschieden gegen Kongo gewann sie gegen Kanada, gegen Chile erkämpfte sie sich ein 0:0 und stand prompt im Achtelfinale. Mit taktischer Disziplin, Teamgeist und der Portion Glück, die österreichischen Mannschaften sonst so oft versagt bleibt, sorgte sie daheim für eine so große Begeisterung, dass auch mitten in der Nacht noch über 160 000 Österreicher vor dem Fernseher saßen, um sich die Live-Übertragung im ORF anzusehen. Ein Baby-Wunderteam sei im fernen Kanada geboren worden, jubelte die Presse, und wenn Gludovatz einwandt, dass man den Jungen mit einem solchen Etikett doch keinen Gefallen tue, hielten die Zeitungen kurz inne – allerdings nur, um tief Luft für die nächste Hymne zu holen. So ging das bis zum Halbfinale. Auf dem Weg dorthin hatten die Jungösterreicher Gambia und die USA geschlagen, die Amerikaner ganz unösterreichisch sogar nach Rückstand und mit einem Tor in der Verlängerung. Gegen Tschechien allerdings war die Mannschaft chancenlos, schon nach einer Viertelstunde lag sie 0:2 zurück. Gludovatz sagte später, er sei »von der Leistung zu Beginn des Spiels geschockt« gewesen. »In der ersten Hälfte habe ich eine tote Mannschaft gecoacht, wir haben einfach nicht Fußball gespielt.« Im Angesicht der noch nie dagewesenen Chance, in ein WM-Finale einzuziehen, war die Mannschaft vor Angst erstarrt. Zumindest einem aber konnte man dafür nicht die Schuld in die Schuhe schieben: Der »ungläubige Richard«, wie der »Standard« den Teamarzt nannte, hatte für seinen Nachtdienst eine Vertretung auftreiben können.

Als dann auch noch das Spiel gegen Chile um Platz drei mit einem glücklosen 0:1 danebenging, Schüsse gegen die Latte und chilenische Rettungstaten auf der Linie inklusive, verarbeiteten die Medien die Trauer mit Schlagzeilen wie »Kein Happy End im WM-Märchen«. Kapitän Sebastian Prödl, der im Dezember sein Bundesliga-Debüt bei Sturm Graz gegeben hatte, hoffte, dass am Flughafen trotzdem »vielleicht ein paar Leute gratulieren« würden. Er sollte sich täuschen, denn ein paar hundert kamen in die Ankunftshalle des Wiener Flughafens, schwenkten rot-weiß-rote Fahnen und sangen »Immer wieder, immer wieder Österreich«. Mitten drin stand der Bundeskanzler Alfred Gusenbauer und sagte: »Österreichs Juniorenfußball zählt zur Weltspitze! Ganz Österreich ist stolz auf diese Mannschaft.« Aus den Lautsprechern erklang die inoffizielle Nationalhymne »I am from Austria« von Rainhard Fendrich, eine Edelschnulze von anrührendem Pathos, die mit folgenden Worten beginnt: »Dei hohe Zeit is lang vorüber, und a die Höll' hast hinter dir, vom Ruhm und Glanz is wenig über, sog ma, wer ziagt no den Hut vor dir – außer mir?« Für einen kurzen Moment wollten die Österreicher an diesem Vormittag einfach vergessen, dass es schon lange keine Mannschaft in den Farben Österreichs mehr gegeben hatte, vor der man den Hut hätte ziehen können. Denn diese Mannschaft hatte endlich einmal wieder ihren Hunger nach fußballerischer Bedeutung gestillt.

Die besondere Zuneigung zu dieser Mannschaft speiste sich aber nicht nur aus dem bloßen sportlichen Erfolg, das Team versinnbildlichte darüber hinaus eine gesellschaftliche

Entwicklung. Etliche Spieler entstammen Familien, die aus der Türkei, aus Bosnien oder aus Pakistan nach Österreich eingewandert sind, auf ihren rot-weiß-roten Trikots stehen die Namen Kavlak, Okotie und Junuzovic. Sie stehen für eine Generation von Migranten, die das Bild der österreichischen Gesellschaft nachhaltig verändern. In einem Land, in dem noch zur Jahrtausendwende mit der FPÖ eine Partei an der Regierung war, die die Republik mit fremdenfeindlichen Parolen in ganz Europa diskreditierte. Im Sommer 2007 vollzog der Fußball damit einen Integrationsprozess, der Österreich schon einmal zu Weltruhm geführt hatte, denn die Mannschaft um Matthias Sindelar hatte ebenfalls vor allem aus Migranten aus dem weiten K.u.k.-Reich bestanden. So geriet die Rückkehr der Gludovatz-Bande gleichermaßen zu einem ekstatischen Akt der Verdrängung wie der Hoffnung. Vierter bei einer Junioren-Weltmeisterschaft – vielleicht tragen die Ausbildungskonzepte doch ihre Früchte. Vielleicht haben die Vereinstrainer jetzt ein Einsehen und setzen auch die einheimischen Fußballer regelmäßig ein. Vielleicht wird doch noch alles gut.

Bei allem Stolz darüber, dass seine Arbeit auf einen Schlag eine solche Wertschätzung erfuhr, kann sich Paul Gludovatz über die ganze Aufregung nicht so richtig freuen. »Bislang war es so, dass, wenn wir im Nachwuchs Erfolg haben, es in den Zeitungen ein Zweizeiler war. Jetzt sind es zwei Spalten und manchmal zwei Seiten, das ist mir fast zu viel. Es gibt hier immer nur die Extreme zwischen himmelhoch jauchzend und zu Tode betrübt. Dabei wäre es schön, wenn wir nach Siegen sagen könnten, halt, da fehlt noch was, und nach Niederlagen, es war auch was Gutes da.« Jetzt, da er seine Mannschaft in die Welt der Großen entlassen musste, sieht er seine Rolle vor allem darin, die übersteigerten Erwartungen zu dämpfen. »Die Flausen vom Baby-Wunderteam habe ich ihnen noch vor

Ort in Kanada ausgetrieben. Ich habe ihnen gesagt: Wir sind kein Weltklasseteam, dafür braucht man einen hohen, permanenten Leistungsstandard. Jetzt müsst ihr euch bei euren Vereinen durchsetzen!« Gludovatz ist weit davon entfernt zu glauben, dass nun alles von allein gut werde im österreichischen Fußball. Aber man braucht ihm auch nicht damit zu kommen, dass die junge Generation einen Hang zur Schlampigkeit und Schwierigkeiten hat, sich zu motivieren. Das sind für ihn nicht mehr als sorgsam gepflegte Vorurteile aus der Vergangenheit. »Wenn Sie unsere Nachwuchsmannschaften sehen, werden Sie keinen Unterschied zu anderen Ländern feststellen. Die kämpfen sich genauso durch wie alle anderen.«

In vielerlei Hinsicht prallen bei Paul Gludovatz Vergangenheit und Zukunft aufeinander. Als sportlicher Leiter der Ausbildungszentren muss er die sportpolitischen Versäumnisse eines ganzen Jahrzehnts aufarbeiten. Er muss darum werben, dem österreichischen Nachwuchs in den Profimannschaften endlich eine faire Chance zu geben. Und er erlebt jetzt, wie seine Arbeit von einer Öffentlichkeit bejubelt wird, die sehnsüchtig hofft, Österreich endlich wieder im Kreis der Großen zu erleben.

Doch Gludovatz ist nicht allein in dem Bemühen, seine Landsleute zu Geduld und realistischen Ansprüchen zu ermahnen. Beppo Mauhart, der große alte Mann des österreichischen Fußballs, sagt: »Wir müssen wieder vom Import- zum Exportland werden. Wir sind kein Land, in dem Champions-League-Sieger oder Weltmeister heranwachsen. Unsere Vorbilder sind nicht Deutschland, Italien oder Spanien. Unsere sollten Dänemark, die Tschechen, Belgien, Holland und Norwegen sein. Dort müssen wir uns messen und in dieser Gruppe die Besten sein. Dann können wir einen sauberen, ordentlichen Fußball spielen und unser Potenzial ganz anders vermarkten und verwerten.«

Nur zwei Monate nach dem historischen Erfolg von Kanada schien es, als gehe nun auch in der A-Nationalmannschaft die Saat auf. Ende August war Tschechien im Ernst-Happel-Stadion zu Gast, und anders als in den Spielen davor, als die Mannschaft von Gegnern wie Frankreich und Schottland vorgeführt worden war, schafften die Österreicher ein 1:1. In der Abwehr stand Prödl seinen Mann, und das Ausgleichstor drosch Martin Harnik ins Netz, der bei Werder Bremen gerade seinen ersten Profivertrag unterschrieben und bei der U-20-WM zu den Besten gehört hatte. Bei der Wucht, mit der der Ball über Peter Cech hinweg ins Tor donnerte, hatten viele Österreicher das Gefühl, dass die Zeit des Leids vorbei sein, dass mit diesem Urknall eine Fußballnation ihr ehernes Kreuz ablegen und sie sich zu neuen Höhen aufschwingen würde.

Josef Hickersberger war danach sichtlich erleichtert. Er musste nicht wieder über eine zu hohe Fehlerquote sprechen, über den Mangel an denjenigen, die das Ruder übernehmen, wenn es brenzlig wird, und die Chancenlosigkeit des österreichischen Fußballs insgesamt. Und als die FIFA dann auch noch Emanuel Pogatetz gestattete, die Zwei-Spiele-Sperre in Freundschaftsspielen absitzen zu dürfen und Hickersberger ihm verzieh, wehte zum ersten Mal seit vielen Jahren so etwas wie Zuversicht durchs Land. Doch dann stand die Wiederholung des »Turniers der Kontinente« an, diesmal in Österreich. Vielleicht wäre es nach den Erfahrungen des Vorjahres besser gewesen, den Spielen unentschuldigt fernzubleiben oder die Vorbereitung der Stadien so lange zu verschleppen, dass das Turnier hätte abgesagt werden müssen. So aber ging es alles wieder von vorn los.

Um es kurz zu machen: In Klagenfurt gelang gegen Japan kaum ein Schuss aufs Tor, das große Versprechen

Martin Harnik kam in der zweiten Halbzeit ins Spiel und musste das Feld nach wenigen Minuten wegen einer Verletzung wieder verlassen, Österreich gewann zwar im Elfmeterschießen, war aber vier Tage später im Ernst-Happel-Stadion chancenlos gegen eine blutjunge Mannschaft aus Chile mit 0:2. Nur 12 000 Zuschauer wollten sich dieses Drama ansehen. Sie pfiffen und johlten, »Hicke raus!«-Parolen gellten durchs leere Stadion, und als der seinen Spielern kurz vor Schluss ein »Hopp, hopp!« hinterherrief, fingen manche an zu lachen. Der Präsident kündigte nach dem Spiel an, er werde den Trainer nun zum Rapport einbestellen, Hickersberger selbst saß tags darauf mit zwischen die Schultern gestecktem Kopf bei der Pressekonferenz und sagte: »Wenn wir den Ball haben, ist es Stress, für die anderen ist es ein Spiel.« Er betonte, dass die Österreicher läuferisch mit den anderen zwar mithalten könnten. Das Problem sei nur, sie täten es ohne den Ball. Er stellte fest, dass Österreich nun mal kaum einen Spieler in einer der europäischen Topligen habe, und bekräftigte, dass er nicht aufgeben werde, man habe ihm auch in seiner Zeit bei Rapid Wien schon ein Kamel vors Stadion gestellt, auf dem er in die Wüste reiten sollte.

Dann wurde er gefragt, wie es ihm dabei eigentlich gesundheitlich ergehe. »Dass solche Spiele auf Kosten der Gesundheit gehen, ist völlig normal. Aber ich kontrolliere regelmäßig meinen Blutdruck und achte auf meine Gesundheit. Und das ist mein Tipp an euch alle: Geht regelmäßig zu Vorsorgeuntersuchungen.« Er meinte das nicht im Scherz, seine Miene blieb dabei sehr ernst, es war ein gutgemeinter Rat an seine Landsleute. Dabei müsste doch gerade er wissen, dass das der österreichischen Mentalität widerstrebt, in der es einen ausgeprägten Hang zur Nachsorge gibt.

Es wird sich schon irgendwie ausgehen, lautet der Satz,

der in Österreich über allem schwebt. Und wenn etwas doch nicht klappt, kann man sich immer noch überlegen, was dann zu tun ist. Die Überzeugung, dass Vorsorgemaßnahmen eine sinnvolle Alternative wären, muss wohl erst noch reifen.

Danke an

Familie Adrian in Apetlon und Güssing, SC Apetlon, James Bond, David Forster und Georg Spitaler vom Magazin Ballester, Liviana Davì, Rainer Fleckl, Markus Frank, Wolfgang Hafer, Hautmann & die Pilgramgasse, Florian Horwath, Anja Jeschonneck, Beatrix Kozina, Wolfgang Maderthaner, Wolfgang Müller, Udo Muras, Oliver Prudlo, Ines Pucher, Wolfgang Rebernig, Peter Rietzler, Café Ringo, Familie Schächtele, Familie Schiller, Oliver Snurer, Wolfgang Winheim, Oliver Wurm, Gernot Zirngast.

Weitere Titel der Reihe »Ball und Welt«

Wolfgang Bortlik. Hopp Schwiiz! Fußball in der Schweiz oder die ehrenvolle Niederlage. KiWi 1039

Tobias Schächter. Süperlig. Die unerzählte Geschichte des türkischen Fußballs. KiWi 1036

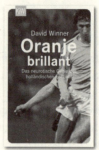
David Winner. Oranje brillant. Das neurotische Genie des holländischen Fußballs. KiWi 1038

Birgit Schönau. Calcio. Die Italiener und ihr Fußball. KiWi 911

Javier Cáceres. Fútbol. Spaniens Leidenschaft. KiWi 921

Raphael Honigstein. Harder, better, faster, stronger. Die geheime Geschichte des englischen Fußballs. KiWi 927

www.kiwi-verlag.de

KIWI BRINGT SIE ZUM RASEN!

Klaus Theweleit
Tor zur Welt
Fußball als Realitätsmodell
KiWi 830

Gerd Voss/Thomas Spiegel
Fast alles über Schalke 04
Gebunden

Christoph Biermann
Wie ich einmal vergaß, Schalke zu hassen
KiWi 986

Nick Hornby
Fever Pitch
Ballfieber – Die Geschichte eines Fans
KiWi 409

Joe McGinniss
Das Wunder von Castel di Sangro
Ein italienisches Fußballmärchen
KiWi 1023

Christoph Biermann/ Ulrich Fuchs
Der Ball ist rund ...
Wie moderner Fußball funktioniert
KiWi 702

Sönke Wortmann
Deutschland.
Ein Sommermärchen
Das WM-Tagebuch
Mit Christoph Biermann
KiWi 970

Christoph Biermann
Wenn du am Spieltag beerdigt wirst ...
Die Welt der Fußballfans
KiWi 383

Christoph Biermann
Fast alles über Fußball
KiWi 910

Ronald Reng
Der Traumhüter
Die unglaubliche Geschichte eines Torwarts
KiWi 685

www.kiwi-verlag.de

Spielfeld ←
Tribüne →
↓ Heft

11 FREUNDE

Fußball-Kultur

#76 März 2008 3,90 € www.11freunde.de

1. FC Kaiserslautern
Eiszeit in der roten Hölle

Paul Scharner
Österreichs Rebell

Klub-Präsidenten
Scheichs und Kriminelle

Wende-Stadionposter
Bern & Wien

DIEGO!

**Werder Bremens Superstar über
Gott und die Welt und Klaus Allofs**

www.11freunde.de/abonnement